Angela Hammer | Winfried Hecht | Frank Huber

ROTTWEILER FASNET

Angela Hammer | Winfried Hecht | Frank Huber

ROTTWEILER FASNET

Bildnachweis:
Alle Bilder: Angela Hammer, mit Ausnahme von S. 35 (Matthias Aiple), S. 48/49 (Repro Uli Hezinger), S. 87 rechts oben (Repro Marius Kirsner).
Für die kenntnisreiche Mitwirkung bei den Bildunterschriften danke ich Dr. Winfried Hecht.

Postfach 16 42 · 72706 Reutlingen

Satz und Layout: Oertel+Spörer Verlag, Bettina Mehmedbegović,
Druck und Einband: AZ-Druck und Datentechnik GmbH, Kempten/Allgäu
Printed in Germany
ISBN 978-3-88627-957-9

Besuchen Sie uns im Internet und informieren Sie sich über unser vielfältiges Verlagsprogramm:
www.oertel-spoerer.de

Bunt ist sie, die Fasnet!

arrenzunft Rottweil 2014

INHALTSVERZEICHNIS

„Diesen magischen Moment werde ich nicht vergessen“

AUSWÄRTIGE GEDANKEN ZUR ROTTWEILER FASNET

ANGELA HAMMER

Diesen magischen Moment werde ich nicht vergessen.

Dreikönigsvormittag 2014, Café Schädle. Sollte ich da jetzt reingehen, kameragerüstet, allein und ziemlich fremd? Wo doch alle so vertraut miteinander schienen. Zwischen die Gäste passte kaum ein Blatt mehr, die Tabletts mit Kaffee und unzähligen Weißweinschorle balancierten über ihren Köpfen. Dann begann die Tagwachkapelle den Rottweiler Narrenmarsch – und ich bekam Gänsehaut. Ich konnte gar nicht anders.

Von da an hielt ich mich – zwar Nicht-Rottweilerin und nicht einmal Schwäbin, aber immerhin gebürtige Badenerin – für gefühlsmäßig legitimiert, dabei sein zu dürfen. Ich lernte die Rottweiler Fasnet, meine erste richtige überhaupt, recht intim und in vielen Facetten kennen. Die Menschen, die ich über Monate begleiten durfte, empfingen mich warmherzig und mit offenem Ohr: Die Narrenzunft und die Familien, die ihre Prachtstücke für die Abstauber bereitgelegt hatten oder die Ausscheller bewirteten, die Fasnetshandwerker, die sich bereitwillig über die Schulter schauen ließen oder am Fasnetsmontag die Tagwachkapelle zu nachtschlafender Zeit. Auch so ein Moment der Magie: der Blick durch das Schwarze Tor zur Alb, wo gerade die ersten Streifen Morgenrot am Nachthimmel schimmerten!

Natürlich verstand ich wenig von dem, was mir auf mein Bitten vom Schantle aufgesagt wurde! Aber der Zauber der Rottweiler Fasnet hat mich in Bann geschlagen, und dafür bedanke ich mich bei den Menschen, die sie in ihren Herzen tragen.

„Nur, was man kennt,
kann man auch lieben“

GEDANKEN ÜBER DIE ROTTWEILER FASNET

WINFRIED HECHT

Ein paar freundliche Worte und gute Wünsche einem neuen Buch und seinen Autoren mit auf den Weg zu geben, mag schon für sich eine feine Sache sein. Noch erfreulicher wird so etwas, wenn es sich bei der Neuerscheinung um ein Buch über die Rottweiler Fasnet handelt. Der Schreiber spürt dabei recht schnell, dass hier nicht nur das Hirn, sondern auch das Herz beteiligt ist, und zwar durchaus nicht nur so nebenher. Auf jeden Fall gilt da der Satz „Nur, was man kennt, kann man auch lieben" zumindest ein Stück weit auch umgekehrt: „Was man liebt, das kennt man (meistens) auch."

Nicht wenige Rottweiler sind in diesem Sinn überzeugt, fast haargenau zu wissen, was es mit der Fasnet in ihrer Heimatstadt auf sich hat. Weil sich überdies getrost nach Hause tragen lässt, was man schwarz auf weiß besitzt, ist sich „der" Rottweiler in Sachen Fasnet sogar besonders sicher. Man hat ja noch Karl Lambrecht mit seinem schier unerschöpflichen Wissen auf diesem Gebiet gekannt, kann sich bei Werner Mezger aus der Perspektive des hochkompetenten Hochschullehrers über Gehalt und Geschichte so gut wie aller fastnächtlicher Aspekte einlesen, findet bei Hansjörg Deck auch Ausgefallenes recht überzeugend erklärt oder wird notfalls von Uli Hezinger über das legendäre Innenleben der Narrenzunft verlässlich informiert.

Dessen ungeachtet bleibt im Zusammenhang mit Rottweils Fasnet immer etwas Mysteriöses, Unerklärliches zurück, das wahrscheinlich sogar ihren tiefsten Kern ausmacht. Allerdings verschanzt sich vor diesem Hintergrund der eine oder andere hinter dem Standpunkt, man solle es in der ältesten Stadt Baden-Württembergs im Blick auf die Fasnet mit der Geschichtlichkeit nur nicht übertreiben. Solche Äußerungen scheinen zumindest bequem, aber vielleicht doch nicht besonders sachgerecht. Genau so ist nämlich in Rottweil während der letzten Jahrzehnte im Vergleich eher mehr als eine Spur zu wenig geschehen. Tradition sollte ja bekanntlich auch nicht zum gefügigen Versatzstück umfunktioniert werden.

Zum Glück hat man auf jeden Fall als „Chef-Ideologen" in Sachen Fasnet mit vielen, sprachlich eindeutigen Zeugnissen den legendären Otto Wolf (1869-1951). Der bestätigte glaubhaft, dass das Reichsstadtblut noch in vielen Adern fließe und formulierte bekanntlich: „Haltet hoch die Tradition, weichet niemals ab davon!" Gegen solches Hochhalten der Tradition hätten ja auch die meisten Rottweiler nicht viel – wenn man nur genauer wüsste, was Tradition im Einzelnen bedeutet und was nicht.

Man möchte beispielsweise fast nicht daran denken, dass die Fasnet zu Reichstadtzeiten kaum einmal mehr kannte als bestenfalls knapp 200 Narren. Oder weiß jeder nach dem Umzug des Rottweiler Spitals vor gut einem Jahr an den Nägelesgraben wenigstens, wo das legendäre „Graoße Haus" steht, aus dem einstens Lehmann verschmitzt lachend ausgerissen sein soll?
Und wie reagiert man auf das unübersehbare Abbröckeln der Gastronomie, wo das Rottweiler Wirtshaus doch früher als „Brutstätte aller Narretei" angesprochen wurde. Und wo sind sie geblieben – jene Bürgerhäuser, in denen weiland die „großen" Narren aufgesagt haben und mit dem köstlichen „Schinkle" oder ganzen „Schunken" verköstigt worden sind?

„Haltet hoch die Tradition"

Bürgerhäusliche Fensterscheiben gäbe es genug ...

Und wie verhält es sich mit dem Thema „Trinkbares"? – Unbestritten ist heute, dass Alkohol unter der Larve nicht unbedingt gut tut, und die Narrenzunft gibt auch klar zu erkennen, dass sie einiges gegen das „Koma-Saufen" am Schmotzigen einzuwenden hat. Aber es gab schon mal Zeiten, zu denen Wadelkappenmannen selbst im Schoß der Zunft vom Gewürztraminer nicht genug bekommen konnten, und eine gewisse „Prosecco-Mentalität" vor dem Achtuhrglockenschlag am Fasnetsmontagmorgen ist heutigentags gleichfalls nicht zu übersehen. Fragen darf der Durchschnitts-Rottweiler sicher auch, ob Otto Wolf unbedingt die Tribüne am Rathaus mit der Prominenz gemeint hat, wenn er festselig verkündete: „Alles, alles, Hoch und Niedrig, freut sich auf die Fasnet wieder!" – „Hoch" vielleicht schon, aber ...!

Doch nach Alt-Rottweiler Tradition kann der Interessierte natürlich ebenso anders herum fragen, sozusagen in einer fast schmerzhaften Sorge um wirklich unverfälschte Tradition: Wie kann so ein wenig ansehnlicher Kerl wie der „Bettelnarr" über Jahrzehnte ab- und plötzlich wieder auftauchen? Wo kommt auf einmal das „Dicke Weib" her? Warum sollen sich unsere Rössle an das Betzeit-Läuten halten, das überhaupt nichts mit „Bettzeit" in irgendeiner Form zu tun hat? Oder etwas hochgestochener: Warum klopft der Lange Mann am frühen Montagmorgen nie mehr oder kaum einmal an die Fensterscheiben von wackeren Bürgersleuten, wo das doch früher einmal so schön gewesen sein soll? Noch stärker verunsichern mag gelegentlich das „Jedem zur Freude und niemand zum Leid", wenn es mit dem Rügerecht in Zusammenhang gebracht wird, von dem die Narren gerade in Rottweil einst und bis fast in die Gegenwart kaum geniert und stattdessen sehr brauchtumsbewusst Gebrauch machten.

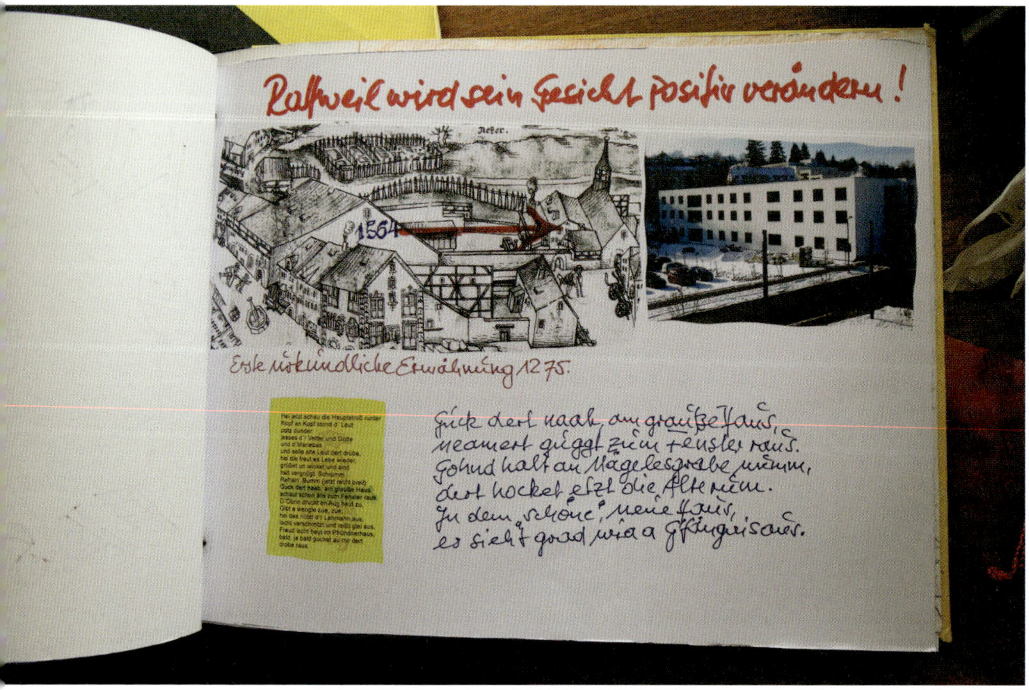

Narrenbuch von Karl Lambrecht

Die Narrenzunft wird ´s schon wissen und richten und gibt sich bei solchen Fragen ja unbestritten alle Mühe. Und wenn sie sich schwer tut dabei, kann sie ja den AVN fragen, das langsam zusammenschmelzende Häuflein von Angehörigen früherer Vorstandschaften der Narrenzunft. Von Karl Lambrecht war dort zum Beispiel immer wieder zu hören, das mit der „glückseligen Fasnet", was sich fast inflationär über weite Teile des fastnächtlichen deutschen Südwestens verbreitet hat, sei nicht so weit her. Echte Rottweiler hätten sich früher eher eine „Schene Fasnet!" gewünscht. Ha no!

Womit immerhin die Sprachlichkeit der Narren angesprochen wäre. In dieser Hinsicht waren die „Alten" um so glücklicher, je besser die Rottweiler Mundart in Einfärbung, Wortschatz und Satzbau an der Fasnet gegenwärtig gewesen ist. Im Vergleich dazu scheint das meist gesprochene SWR-Schwäbisch doch etwas bescheiden. Andererseits kann man sich über Narren mit beispielsweise italienischem Migrationshintergrund freuen, die als späte Vertreter der Commedia dell´ Arte manchmal über ein regelrechtes Parade-Schwäbisch verfügen. Auch hier gilt demnach, dass sich unsere Fasnet nicht so ohne Weiteres vom modischen Zeitgeist einfach überrollen lassen sollte. Mit Karl Lambrecht konnte man in diesem Zusammenhang viel über Sprache und Mentalität der „westschwäbischen Bergstämme" flachsen, womit das etwas Herbe, manchmal fast Spröde in

Nicht alle mögen das Dicke Weib.
Na so was!

Ausdruck und Geste unserer Narren gemeint war: Rheinländer oder auch bloß „Schtuagerter“ sind die Rottweiler an der Fasnet ja nun wirklich keineswegs.

Solches bedeutet aber auch, dass im Blick auf die Fasnet nicht zu viel durch- und überorganisiert werden sollte. Dazu gehört bei den Beteiligten die Einsicht, dass viel nicht immer besser ist. Man kann beispielsweise sagen, ohne jemand wehzutun, dass irgendwas nicht stimmen kann, wenn in unserer alten Reichs- und Narrenstadt einerseits über 4.000 am Narrensprung teilnehmen, aber kaum 200 mit einem Narrenbuch ausgerüstet sind. Auch ist der Lustgewinn wirklich überschaubar, wenn sich der Narrensprung am Fasnetsmontag über geschlagene fünf Stunden hinzieht. Dabei sein ist da bestimmt nicht mehr alles.

Es geht an der Fasnet auch nicht darum, als selbst ernannter Muster-Narr großspurig aufzutreten oder vor allem sich selbst in Szene zu setzen und zu zelebrieren. Das mag ganz gelegentlich schon einmal selbst Teilen der wackeren Narrenzunft passieren, wenn etwa an Dreikönig bei ihr die Tendenz durchschimmert, zu einer Art „Vor-Proklamation“ zu kommen, wenn der Narrenmeister die Seinen zum Abstauben in die Häuser der für die Fasnet begeisterten Bürgersleute schickt. Dieser Anlass trug sich früher stiller, geheimnisvoller zu und erinnerte fast an eine Verschwörung: so als ob der

ORIGINAL ROTTWEILER NARRENKLEID
2013

Fasnets-Bazillus sich an diesem Tag noch mit einer gewissen Heimlichkeit erst wieder im Rottweiler Gemüt vollends einnisten müsste – nicht viel mehr.

Auf jeden Fall wird man sich davor zu hüten haben – und auch davor hat Karl Lambrecht und schon vor ihm Anton Dorn immer wieder gewarnt –, sich selbst als Freund von Fasnet und Narren mit mindestens 105 Prozent überzubewerten. Die beiden hatten dabei jene kleine Gruppe von Rottweilern im Auge, welche kurz nach 8 Uhr am Montagmorgen an der Oberen Hauptstraße wie die „Lene" im Text des Narrenmarsches vor Rührung eine oder gleich mehrere Tränen im Auge haben, andererseits jedoch Symptome von allerhand ungesunden Krankheiten erkennen lassen, wenn es darum geht, eine Narrenkarte und den Narrenbändel zu kaufen.

Auf jeden Fall lebte und lebt die Rottweiler Fasnet eher aus der freundlichen Stille, welche beim Aufsagen für einen guten Nachbarn in einem unserer Gässle dabei hilft, all die Alltagssorgen bis zum Aschermittwochmorgen ein wenig in den Hintergrund treten zu lassen. Oder aus der unbekümmerten Heiterkeit, mit welcher unsere uralten Fasnetsverse vor einem ehrwürdigen Bürgerhaus angestimmt und die jungen Rottweiler mit Gutsle und anderen Köstlichkeiten beglückt werden. Otto Wolf hat derart wunderbare Szenen ja mehr als einmal gemalt. Angesichts solch fastnächtlicher „Miniaturen" fallen dem Betrachter auf Rottweil bezogen die Verse ein: „Der Jugend Zauber für und für ruht lächelnd noch auf Dir ...!"

Angela Hammer und Frank Huber haben allem Anschein nach aus dieser Befindlichkeit heraus das vorliegende Fasnetsbuch gemacht – geschrieben und fotografiert. So darf man beruhigt sein, dass ein wirklich gutes und schönes, ein gescheites und lustiges Buch zu diesem in Rottweil nicht ganz einfachen Thema entstanden ist. Angela Hammer kann – und diese Erkenntnis kommt daher wie die „alt Fasnet" – meisterlich fotografieren und bestens beobachten, nicht aus der Perspektive der Insiderin, sondern von außen und damit vielfach aus eher ungewohnt originellen, aber um so reizvolleren Blickwinkeln. Zunftschreiber Frank Huber seinerseits verfügt ohne Frage über ein gehöriges Quantum Geist und Witz. Erkennen lässt sich dies unschwer, wenn man in seine „gnitz" lachenden Augen blickt. Als sein Vorgänger hatte der Verfasser dieser Zeilen außerdem über mehrere Jahre das Vergnügen, ihn bei der gemeinsamen Fasnetsarbeit am Rottweiler Narrenblättle oder bei der Vorbereitung der alljährlichen Proklamation zu erleben. Da ist fast nicht mehr zu sagen, als dass allein schon seine Sprachgewandtheit und seine originellen Einfälle immer ein besonderes Fasnetsvergnügen gewesen sind. Ähnliches Vergnügen sehe ich auf die Leser dieses neuen Bandes über die Rottweiler Fasnet zukommen und bin sicher, dass der entsprechende Wunsch für viele in Erfüllung geht – für ganz gescheite „Gschtudierte" und nicht ganz so Schlaue, für Fasnetskenner und Reingschmeckte, für Kabis und Esel, für Zizenhauser und Korokaner, kurz, für alles, alles, Hoch und Niedrig, was sich über die Rottweiler Fasnet „so richtig" freuen will.

Was sich die zwoa Biss wohl zum saga hond?

Niemand zü Leid – jedem zür

„Ein Blick zurück“

DIE ROTTWEILER FASNET – EIN BLICK ZURÜCK

FRANK HUBER

Seit wann es die Rottweiler Fasnet gibt? Kein Mensch kann diese Frage ehrlich beantworten, denn keiner der heute Lebenden war bei dem fastnachtlichen Urknall in Rottweil dabei. Auch wenn man bei bestimmten Zeitgenossen den Eindruck hat, sie selbst hätten die Fasnet erfunden, ist es bis zu einem gewissen Ausmaß eher so, dass das, was damals passierte, stark auf Vermutung und Interpretation beruht. Die Mutmaßungen der Fastnachtsgelehrten erfolgen allerdings gestützt auf einige gut erforschte Dokumente, die zumindest den Urknall etwas eingrenzen und den Interpretationen Halt geben.

Einen wesentlichen Halt für die Geschichte der Rottweiler Fastnacht geben die ältesten bekannten Dokumente aus den Jahren 1310 und 1360. Man darf jedoch davon ausgehen, dass das Brauchtum deutlich weiter zurückreicht. Vermutungen dazu gibt es, aber keine wissenschaftlichen Beweise. Sei 's drum! Ähnliches gilt auch, wenn man den Sinn der Fastnacht erforschen will: Fruchtbarkeitsritus; Lärmbrauch, um Dämonen zu vertreiben; Vertreibung des Winters; ein letztes großes Fest vor Beginn der Fastenzeit? Für alles gibt es Argumente, aber keines davon ist exklusiv. Nehmen wir eine Mischung von allem an und beziehen die allgemein menschliche Lust mit ein, sich zu verkleiden, jemanden nachzuahmen. Der Rest ist sowieso ein Geheimnis. Unerklärbar. Sicher ist: Alle Jahre findet die Fastnacht in Rottweil statt und das mit ungebrochener Begeisterung. Vor diesem Hintergrund soll deshalb ein kleiner Einblick in die Geschichte der Rottweiler Fastnacht genügen. Das Brauchtum, wie es sich heute präsentiert, sei dagegen etwas facettenreicher beschrieben. Die Vielschichtigkeit der heutigen Fasnet mag sicherlich auch ein Grund für ihren Zulauf sein. Deshalb steht der Abwechslungsreichtum bei der Schilderung dieses schönsten Festes im schwäbisch-alemannischen Raum im Mittelpunkt der folgenden Lesereise.

Fasnet bis zum 17. Jahrhundert

Dass es ausgerechnet Hühner sein müssen, die das Urzeugnis des Rottweiler Fastnachtens bezeugen, ist natürlich für die hiesige Bürgerschaft teilweise eine Last. Nicht genug damit, dass man den in Rottweil Wohnhaften schon als Spitznamen den „Esel" zugewiesen hat. Nein, jetzt müssen auch noch Hühner für eine der schönsten und bedeutsamsten Volksfastnachten unserer Zeit herhalten, wenn es um die ersten zarten Spuren der fastnachtlichen Tradition geht. Bei dem Zeugnis, das die Hühner als wichtigen Beleg der Pflege des Fastnachtsbrauchtums in Rottweil adelt, handelt es sich um eine Schenkungsurkunde. Während sich König Heinrich VII. im Jahr 1310 auf den Weg nach Italien machte, um für seine Kaiserkrönung zu werben, findet man in Rottweil Zeugnis von einem fast genauso epochalen Ereignis. In der besagten Schenkungsurkunde wird die Ablieferung von Fastnachtshühnern ans Spital als Naturaltribut festgelegt. Aus diesem kleinen Hinweis lässt sich jetzt zwar noch nicht schließen, dass es schon einen Schiermeier Guller gab, obwohl die Hühner einen solchen Verdacht durchaus nähren. Auch von einem achtriemigen Biss steht in der Urkunde nichts zu lesen. Gleichwohl scheint für die in Rottweil wohnhaften Bürger der Vorabend der Fastenzeit eine besondere Bedeutung gehabt zu haben. Ansonsten wäre wohl kaum von Fastnachtshühnern die Rede gewesen.

Sogar in Heilig-Kreuz ist er präsent: der Guller

Vergleichbar ist die exponierte Stellung der Hühner wohl am besten mit den Weihnachtsgänsen der Jetztzeit. Auch hier erlangt ein Lebewesen eine Aufwertung in der Hierarchie des Tierreichs vor allem deshalb, weil es bei einem ganz besonderen Fest eine besondere Rolle im Speiseplan des Menschen spielt. Den reichsstädtischen Hühnern wurde anscheinend ein ähnliches Schicksal zuteil. Die Fastnacht zur damaligen Zeit stand demnach vor allem im Zeichen von Essen und Trinken, was in gewissem Ausmaß ja auch noch heute zutrifft.

Das kann ja heiter werden.

In den spätmittelalterlichen Schriften aus Rottweil verdichten sich dann mehr und mehr die Belege für fastnachtliche Umtriebe. Aufgrund der besonderen Musikkultur in der Neckarstadt, deren oberste Repräsentanten bereits 1429 einen Stadtpfeifer unter Vertrag nahmen, bat beispielsweise 1476 der damalige Bürgermeister der Stadt, Leonard Schappel, dass die Stadtpfeifer zur Fastnacht doch aufspielen mögen. Und zu Beginn des 16. Jahrhunderts lässt sich ferner den Chroniken der Grafen von Zimmern entnehmen, dass man in Rottweil große und herrliche Fastnachten feierte.

Für die fastnachtliche Geschichtsschreibung von besonderer Bedeutung sind dann die Rottweiler Ratsprotokolle. Diese Schriftstücke, die in dinglicher Form die häufig strittigen Kompetenzen des Rats dokumentierten und als eine Art „Gedächtnis" der Stadt dienten, indem dort obrigkeitliche Mandate, Testamente und vieles mehr protokolliert wurden, untermauern die Stellung Rottweils als Narrennest. Glaubt man den Aufzeichnungen des damaligen Stadtschreibers, so genehmigt der Magistrat im Todesjahr des russischen Zaren Ivan des „Schrecklichen" vor dem Neutor die Aufführung eines Narrenspiels. Bereits 1585 müssen also Fastnachtsspiele, Mummenschanz und andere Verlustigungen ähnlicher Art in der Stadt erlaubt gewesen sein. Aktenkundig wurde in den Protokollen zudem ein Entscheid des Rottweiler Magistrats aus dem Jahr 1614. Dem Vernehmen nach muss es in dieser Zeit an der Fastnacht bereits Umzüge gegeben haben. Nur so ist es zu erklären, dass der Rat einen Streit zwischen der Bäcker- und der Müllerzunft sowie den Schmiedeknechten um die richtige Ordnung beim Umzug schlichten musste. Fastnacht war wohl immer schon eine ernste Sache.

Dieses Zeugnis aus dem zweiten Jahrzehnt des 17. Jahrhunderts war dann aber auch für eine ganze Weile der letzte Hinweis zum fastnachtlichen Brauchtum in der Reichsstadt. Der Dreißigjährige Krieg brachte Angst, Schrecken, Hunger, Not und sogar Kriegshandlungen nach Rottweil. Umso bemerkenswerter ist es, dass bereits drei Jahre nach dem Ende des militärischen Konfliktes die Fastnacht durch den Narrenmeister der Narrenzunft, Johann Baptista Frantz, wieder ihren Platz im Festekalender von damals einnimmt. Zudem berichtet der damalige Stadtschreiber vom Zug der jungen Rottweiler Engelsgesellen zum Zisterzienserinnenstift Rottenmünster. Die Engelsgesellen, die Hauptträger der Rottweiler Fasnacht waren, organisierten diesen Marsch zum Auftakt der damaligen Fastnacht über etliche Generationen. Beim Rottenmünster angekommen übergab ihnen die Äbtissin des Stifts selbstgebackene Fasnetsküchle, wahrscheinlich eine Art süßes Schmalzgebäck. Zum Ende der Fastnacht, am Aschermittwoch, ging der Zug dann in eine andere Richtung. Ziel war nun das Dominikanerkloster. Der Fastenzeit entsprechend erhielten die Engelsgesellen von den Mönchen lediglich ein schlichtes Weißbrot.

Fasnet bis zum 19. Jahrhundert

In der späten Reichsstadtzeit, also im 18. Jahrhundert, kommt es für gewöhnlich fast ritualisiert zu Animositäten zwischen der Narrenzunft und der städtischen Obrigkeit. Im Mittelpunkt der verbalen Gefechte steht selbstverständlich immer die gegensätzliche Meinung im Hinblick auf die Durchführung der Fastnacht. Zumeist gelingt es den beiden streitbaren Parteien aber, ihre Zwistigkeiten beizulegen. Über die Jahre bekommt so die Ausübung des fastnachtlichen Brauchtums in der reichsstädtischen Bevölkerung einen immer höheren Stellenwert. Nicht überraschend ist es daher, wenn der Ratsschreiber 1754 im Ratsprotokoll die Zahl von 119 Narren vermerkt. Durch die stärkere Einbettung der Fasnet in das Reichsstadtgeschehen entwickeln sich nun bereits eigene Narrenfiguren, die auch protokollarisch erfasst wurden. So spricht der Schriftgelehrte der Stadt in eben diesem Jahr 1754 zum Beispiel von einem „Gschell". Dieses dürfte zwar mit dem heutigen Weißnarren nicht alles gemein gehabt haben, aber immerhin. Die Figur ist somit zum ersten Mal verbrieft. 14 Jahre später vermerkt der Ratsschreiber den Plätzlenarr, der wohl die Urform des Fransenkleidles gewesen sein dürfte, in seinen Protokollen.

Wenig später begann der Niedergang der Reichsstadtherrlichkeit. Folgenschwer für die Auflösung der bestehenden Strukturen waren die Ideen der Vordenker der französischen Aufklärung. Die Adlaten um Robespierre bedrohten die Fundamente der absolutistischen Staaten in ihren Grundfesten. Um die Verbreitung des revolutionären Gedankenguts auf die Völker des übrigen Europa zu verhindern, kam es zu einer Reihe von Kriegen, zu denen sich jeweils wechselnde Koalitionen gegen Frankreich zusammenfanden.

In einer ersten Phase der kriegerischen Auseinandersetzungen okkupierte das revolutionäre Frankreich 1793 die linksrheinischen Besitzungen Württembergs. In einem Geheimvertrag von 1796, also noch während der Krieg zwischen Frankreich und dem Heiligen Römischen Reich im Gange war, stimmte Württemberg der Abtretung dieser Gebiete zu dem Preis zu, dass Frankreich sich in den kommenden Friedensverhandlungen mit dem Reich für eine Gebietserweiterung Württembergs rechts des Rheins einsetzen sollte.

Diese Gebietserweiterungen standen im Mittelpunkt des Friedens von Lunéville. Im Zuge der Friedensverhandlungen legten die Verhandlungsführer zunächst die Einsetzung einer Reichsdeputation, also eines reichsständischen Ausschusses, fest. Dieser Ausschuss entschied, auf welche Weise die von den französischen Annexionen betroffenen Reichsfürsten entschädigt werden sollten. Der Unterhändler des Herzogs Friedrich II. von Württemberg verhandelte dabei in Paris eine erhebliche Erweiterung der 1796 gemachten Zusicherungen. Zum einen wurde Württemberg zum Kurfürstentum erhoben. Zum anderen konnte sich der Herzog über beachtliche territoriale Zugewinne freuen. Württemberg sicherte sich auf diese Weise die Reichsstädte Heilbronn, Esslingen am Neckar, Reutlingen, Gmünd, Hall, Aalen, Giengen an der Brenz, Weil der Stadt und eben auch Rottweil. An geistlichen Territorien vereinnahmte Herzog Friedrich II. die Fürstpropstei Ellwangen, die Abtei Zwiefalten, das Kloster Schöntal, das Kloster Comburg, das Kloster Heiligkreuztal, das Stift Oberstenfeld, das Kloster Margrethausen und das Kloster Rottenmünster.

Es war dann im Juli 1802, als dem Magistrat von Rottweil Briefe aus Paris und Wien vorgelegt wurden, wonach Rottweil als Entschädigungsmasse für den Herzog von Württemberg dienen und in seiner freien Eigenschaft

Mit dieser Larve von German Burry kehrte 1913 der Guller in die Rottweiler Fasnet zurück. (Narrenzunft Rottweil)

nicht mehr existieren sollte. Der Einmarsch der Württemberger machte aus der Reichsstadt ein unbedeutendes Oberamtsstädtchen. Damit einher ging der Versuch der Württemberger, die alten Fastnachtsformen zu unterbinden und Narrenzünfte aufzulösen. Tatsächlich löste sich die Narrenzunft Rottweil in dieser Zeit auf, existierte informell allerdings weiter. Über ein Jahrhundert boten die Fastnachter in Rottweil der Obrigkeit und dem neuen Zeitgeist mit mehr oder minder großem Erfolg die Stirn. Der Zeitgeist brachte es mit sich, dass die Straßenfasnet als rüpelhaft angesehen und vielfach beklagt wurde. Bei der Obrigkeit und der gebildeten Oberschicht besaß sie zudem kein Ansehen mehr. Die Fastnacht mit ihren Schreckfiguren und Groteskgestalten sah man als unzeitgemäß und überholt an.

In den zwanziger Jahren des 19. Jahrhunderts kam es zu einem bemerkenswerten Bewusstseinswandel und einem Umschwung in der öffentlichen Meinung in Bezug auf das fastnächtliche Geschehen. Vermehrt gab es Bestrebungen des Bildungsbürgertums, die Festivitäten vom Vulgären zu befreien und ihnen sowohl formal als auch inhaltlich ein neues Gepräge zu geben. Es entwickelte sich die organisierte Fastnacht. Einen starken Einfluss auf die Neuausrichtung der Fastnacht in Rottweil dürfte die Rottweiler Museumsgesellschaft gehabt haben. Dieser 1830 gegründete Männerbund pflegte insbesondere literarische Interessen, versuchte aber auch das soziale Leben in Rottweil zu inspirieren und zu prägen. Neben höheren Beamten und Gymnasialprofessoren gehörten der Museumsgesellschaft in der zweiten Hälfte des 19. Jahrhunderts auch Fabrikanten, vermögende Geschäftsinhaber sowie leitende Angestellte der expandierenden Rottweiler Pulverfabrik an. Zwölf Jahre nach ihrer Gründung veranstaltete diese Honoratiorengesellschaft dann einen ersten großen Maskenumzug mit Kostümen aus dem 15. bis 19. Jahrhundert. Mit der Organisation und der Ausgestaltung der Fastnacht ging somit die Deutungshoheit in die Hände des Bildungsbürgertums über.

Ein echter Schatz, dieser Federahannes ohne Rollkinn (18. Jh.; Narrenzunft Rottweil)

Als 1844 die Obrigkeit die Abschaffung des Fastnachtsdienstages anstrebte, solidarisierten sich die Narren quer durch alle Schichten. Ferner trug wahrscheinlich auch die Revolution von 1848 dazu bei, dass die königlichen Beamten den Rottweilern bei der Durchführung ihres geliebten Festes bald weitgehend freie Hand gewährten. Zahlreicher Freiheiten beraubt, wollte man dem Bürgertum zumindest bei der Gestaltung dieses wichtigen Festes ein gewisses Maß an Eigenmächtigkeit zugestehen. Diese Chance wussten die Rottweiler entsprechend zu nutzen. Die Fastnacht erfuhr einen regelrechten Boom. In fast allen Gasthäusern fanden Tanzveranstaltungen, Scherzabende und Bälle statt.

Geprägt von der Karnevalisierung der Fastnacht am Mittel- und Niederrhein setzte sich in Rottweil nach 1848 eine ähnliche Entwicklung durch. Sie mündete in der 1888 gegründeten „1. Rottweiler Carnevalsgesellschaft Narrhalla". Zwar wollte die Narrhalla immer auch am Fastnachtsmontagmorgen einen Narrensprung mit den überlieferten historischen Rottweiler Narrenkleidern organisieren, allerdings führte fehlendes Geschick seitens der Narrhalla und mangelndes Interesse seitens der Narren dazu, dass der Schwerpunkt ihrer Aktivitäten zunehmend auf den Scherzabend am Fastnachtssamstag verlegt wurde. Obwohl in Rottweil ein hineinreichender, bis ins 18. Jahrhundert vorliegender Larvenbestand existierte und die Narrenkleidmalerei bis ins frühe 19. Jahrhundert zurückzuverfolgen war, sank das Interesse der Bevölkerung an der historischen Fasnet dramatisch.

Mit fünf Narren im Jahr 1896 und sieben Narren in den Jahren 1897 und 1898 kann von einer Rottweiler Fastnacht in ihrer eigentlichen Bedeutung nicht mehr gesprochen werden. Die reichsstädtische Fastnacht war somit fast zum Erliegen gekommen.

HORST LANGENFELD

bis 2007 selbstständiger Elektrikermeister mit Geschäft, in Rottweil geboren
Signatur: HL

„Ich sehe das Gesicht schon im Holzklotz, wenn ich ihn aufspanne"

Gibt es ein Vorbild, nach dem Sie die Larven arbeiten?
Ich halte mich an die alten Larven, behalte den überlieferten Typus bei, versuche aber meine Handschrift mitzugeben. Meinen Kunden zeige ich Bilder meiner Larven. Andererseits kommen auch Kunden mit bestimmten Vorstellungen. Da muss ich aber manchmal bremsen, manches würde zu übertrieben. Aber es gibt im Grunde keine „schöne" oder „wüschte" Larve. Es muss halt eine Rottweiler Larve sein, die Proportionen müssen stimmen. Schönheit liegt im Auge des Betrachters ... Eine Rottweiler Larve hat einen bestimmten Schnitt. Seit 2000 haben wir den Leitfaden für die Fertigung – schon drei Mal überarbeitet, aber er hat sich bewährt. Keine Larve gleicht der anderen. Ich muss zwar die Physiognomie des Menschen kennen, aber Porträtieren ist nicht erlaubt. Der Letzte, der eine Porträtlarve hatte, war Erich Hauser. Den erkennt man, wenn die Larve d'Stadt nab geht!

Erich Hauser (1930-2004) schnitzte seine Larven selbst.

Sie sind kein gelernter Schnitzer. War es ein langer Weg, sich das Wissen und die Fertigkeiten anzueignen?

Ja, ich arbeite schon seit 1970 Larven und sakrale Figuren. In dem Haus, in dem ich aufgewachsen bin, lebte auch Franz Muttelsee (1883-1963), ein bekannter Rottweiler Holzbildhauer und Larvenschnitzer. Von ihm stammt zum Beispiel die vermutlich älteste Larve des Gullers. Mit ihm fing es an. Und im Urlaub kam ich an keinem Holzschnitzer vorbei, sehr zum Leidwesen meiner Frau. Gelernt habe ich eigentlich bei einem Sigmaringer Bildhauer – ich hatte ihm bei einem kniffligen technischen Problem mit seinen Fräsern geholfen.

Wird die Arbeit nach so vielen Jahren nicht zur Routine?

Nein, auch nicht bei 10 Larven im Jahr. Die Larven hängen ab von der Beziehung zu den Menschen, die bei mir Larven bestellen. Ich nehme grundsätzlich keine Bestellungen in der Stadt an, auch wenn ich oft angesprochen werde. Die müssen herkommen, wir nehmen uns Zeit, ein Bezug entsteht. Wenn ich dann das Holz aufspanne, sehe ich schon ein Gesicht, das dazu passt – das ist für mich der interessanteste Augenblick. Man lernt aber auch immer dazu, und innerhalb der vorgegebenen Grenzen kann jeder seinen Stil entwickeln. Das sehe ich auch bei der Kleidleabnahme – ich sehe, wer die Larve geschnitzt hat.

Kommt das Holz immer vom gleichen Lieferanten?
Und was ist wichtig beim Material?

Früher hab ich es von der Stadt bekommen oder vom Forstamt, heute kaufe ich es fertig getrocknet im Holzhandel. Wenn es etwas Passendes gibt, bekomme ich einen Anruf. Meist Linde, weil die am besten zu bearbeiten ist. Es sollte so wenig wie möglich Äste haben, aber da steckt man nicht drin. Und 17 bis 18 Prozent Restfeuchte, das wäre ideal. Und ich sollte vor allem die richtige Höhe haben; eigentlich gibt es nur noch zwei Sägewerke in Deutschland, die diese Dielenstärke sägen. Ich brauche – einschließlich Nase – mindestens 16 oder 17 cm, üblich sind heute 7 oder 8 cm.

Wie viele verschiedene Messer oder Werkzeuge braucht es für eine Larve?

Da gibt es einige: Schweizer oder Tiroler Messer, gekrümmte und gekröpfte Hohlmeißel, flache Hohlmeißel, mit denen sollte man am Schluss überarbeiten ... Die Messer schleife ich selbst; das ist eine Kunst für sich und man muss viel üben. In meiner Anfangszeit gab es das Schleifpapier und die Schleifscheiben so nicht, da hat man alles mit dem Belgischen Brocken und dem

Lederriemen gemacht. Wenn übrigens der Schnitt speckig glänzt, dann weiß ich, dass das Messer scharf ist. Und das brauche ich für diese Handarbeit. Maschinell geschnitzte Larven werden abgelehnt.

Das alte Schnitzwerkzeug gehörte einst einem Rottweiler Bildhauer, der schon lang nicht mehr lebt. Das waren fast 80 Messer in seinem Nachlass. Ich brauchte beinahe ein Jahr, um das alles zu sichten und auszuprobieren – es waren die Mercedes unter den Schnitzmessern. Stahl aus Sheffield, man sieht es hier am Herstellerzeichen, der Eiche.

An was arbeiten Sie gerade?

Das gibt ein Schantle, man sieht es eigentlich schon. Am schwierigsten sind die Weißnarrenlarven, da muss praktisch alles stimmen, beim Schantle oder Federahannes kann schon mal das Gesicht ein bissle verzogen sein. Aber wenn ich allein schon die Augen beim Gschell oder beim Fransenkleidle um einen Millimeter versetze – dann hat sie ein Problem! Das sind übrigens männliche Gesichter, auch wenn es nicht ganz so aussieht. Und es gehört eine gewisse Traurigkeit zur Fastnacht, die spiegelt sich in den Larven.

Bei Ihrer Arbeit sitzt jeder Handgriff, nicht wahr?

Na ja, es darf nichts passieren. Beim Aushöhlen muss ich aufpassen, dass nichts kaputt geht; um die Wandstärke festzustellen, muss ich mir bestimmte Stellen merken, die ich mit den Fingern nicht tasten kann. Ich nehme auch eine Lampe zu Hilfe: Bei ungefähr 3 mm Wandstärke schimmert die dann leicht durch. Die Larve sollte schon so dünn sein, damit sie komfortabel zu tragen ist und auch einen Resonanzkörper bildet. Und dünner darf sie nicht werden, damit sie das Gleichgewicht zum Kopfstück halten kann, sonst rutscht sie hoch. Das haben wir bei der letzten Abnahme jetzt wieder gesehen: Bei 70 bis 80 Prozent der abgelehnten Kleidle war das Kopfstück zu groß. Und das sind neue!

Wird denn das Kopfstück nicht abgestimmt, wenn das Kleidle sowieso neu gefertigt wird?

Ich nehme Maß, bevor ich Larven anfertige. Aber das liegt oft am Schnitt für das Kopfstück, schnell gefertigt … Früher hat der Schneider die Schnitte mit Stecknadeln befestigt, und erst, wenn es einigermaßen passte, wurde geheftet und dann fertiggenäht. Das machen heute nur noch wenige so.

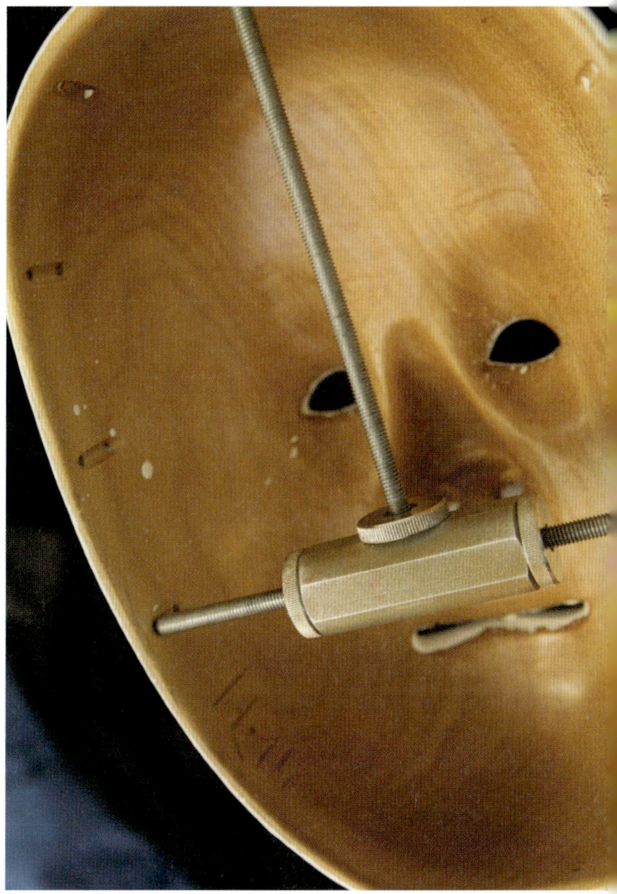

Das wird einmal eine richtige Rottweiler Larve.

Hohe Schnitzkunst

Was bereitet Ihnen Sorgen bei der heutigen Fasnet?

Ich geh nicht mehr narren, das ist heute nur noch ein Schaulaufen und eventmäßig gemacht. Auch der Dreikönigstag ist nicht mehr das, was er war – das ist eine vorgezogene Proklamation. Und das gehört sich nicht, das ist eine intime Veranstaltung nur für die Abstauber. Dann hatten wir im letzten Monat (März 2014) schon wieder 70 Anmeldungen ... da muss es irgendwann eine Änderung geben. Wir bekommen ja schon Probleme mit den Musikkapellen: Die sagen, wir spielen nicht mehr so lange, höchstens noch bis 11 Uhr. Ich kann nicht von morgens um acht bis nachmittags halb, dreiviertel zwei in der Kälte ununterbrochen den Narrenmarsch spielen!

Wird sich in nächster Zukunft etwas ändern?

Ja. Die Menge kann man zwar nicht begrenzen. Aber wir haben das Glück, dass die Leute kommen und sich über die Qualität beraten lassen. Jetzt kommen schon Leute zu den Informationsabenden, die haben mit der Fasnet nix am Hut. Es ist halt schick und angesagt. Aber wenn man dann den Narrensprung anschaut, zum Beispiel die Händchenhalterei, oder die Körble, das ist auch so ein Modefurz – das gab es früher gar nicht. In alten Filmen kann man sehen, dass höchstens 2 Prozent der Narren einen Korb dabei hatten! Der gehört auch traditionell zu keiner Figur. Erst als die Zeiten besser wurden, fing das an. Wir hatten doch früher die Orangenwerferei – das wurde in den Sechziger Jahren per Gerichtsbeschluss untersagt, weil jemand verletzt wurde. Die schleppten waschkörbeweise die Orangen mit und warfen sie an den Häusern hoch. Auf den Trottoirs konnte man nicht mehr laufen, weil unten alles zermatscht lag.

Das haben heute die Glasscherben abgelöst ...

Ja, das ist schwierig in Griff zu bekommen.
Als übrigens meine zwei Mädels zum Studium sind, kamen sie ja noch heim. Zu denen habe ich gesagt: Solange ihr studiert, könnt ihr von mir aus noch narren. Aber wenn ihr mal wegzieht – dann ist Narren in Rottweil passé. Sie haben das dann gut gedreht – und sind in Rottweil geblieben.

TANJA LANGENFELD-EYLANDT

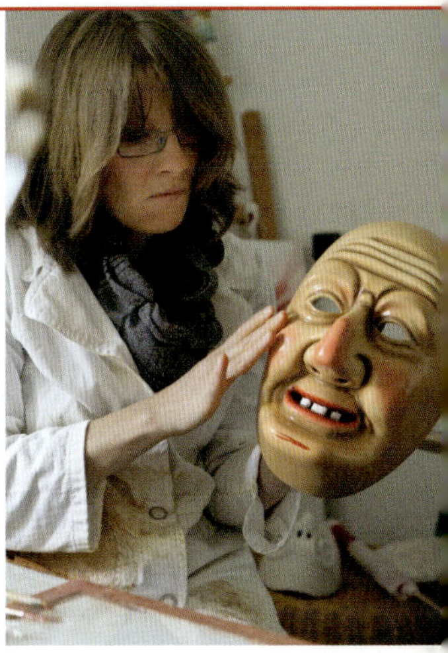

Fassmalerin,
Tochter von Horst Langenfeld
Erzieherin, Jg. 1972

„Das ist schon eine Verpflichtung"

Was bedeutet eigentlich „Fassmaler" – es klingt so altertümlich?

Das ist ein alter kunsthandwerklicher Beruf. Die Handwerker waren und sind heute noch zuständig für die „Fassung" von Holzplastiken und Kirchenaltären, das heißt, sie bemalen und vergolden das Werk der Bildhauer und Schnitzer.

Sie sind die handwerkliche Partnerin Ihres Vaters Horst Langenfeld, arbeiten sozusagen Hand in Hand. Sind Sie da gut beschäftigt?

Ja, von ihm bekomme ich beinahe alle Larven, die ich fasse, und wegen der verschiedenen Arbeitsprozesse wandern die Larven immer wieder zwischen uns hin und her. Ich komme allerdings nur einmal in der Woche dazu und habe so das ganze Jahr zu tun; hauptberuflich arbeite ich als Erzieherin, neben Familie und Haushalt. Anfangs waren es 10 Larven, jetzt sind es doppelt so viele. Bis jetzt im Mai waren es schon sechs dieses Jahr; es nimmt zu. Aber die Arbeit mit den Larven ist auch Entspannung – wenn ich mal den ersten Schritt und das „Du musst jetzt aber" überwunden habe.

Ohne Make-up geht es nicht.

Wie viele Freiheiten haben Sie beim Fassen? Können Sie der Larve noch einen eigenen Charakter geben?
Das brauche ich gar nicht, und da gibt es auch keinen Spielraum: Ich übernehme das Motto der Larve vom Schnitzer. Aber ich habe natürlich ein eigenes Fasszeichen, orientiert an meinem Sternzeichen, dem Fisch. Ein Larvenkenner würde aber meine Fassungen erkennen – wie bei den Schnitzern. Wenn ich montags beim Narrensprung zuschaue, dann erkenne ich meine Arbeiten auch, vor allem die früheren, weil ich viel Rottöne verwendet habe.

Wird die Arbeit denn nie zur Routine?
Hmm … über die Arbeitsschritte muss ich nicht mehr nachdenken, aber langweilig wird es nie. Auch wenn heute ganz viele Federahannes oder Schantle wollen. Was auch keine Routine aufkommen lässt, sind besondere Arbeiten wie die Kopie einer Einzelfigur. Und ich freu mich über jedes Biss, das ich bekomme – was selten passiert.

Dieser Hautton, mit dem Sie arbeiten – braucht das viel Erfahrung, bis man den trifft? Hat jede Larve den gleichen Ton?
Die gleichen Farben und Prozesse sind das schon, aber mal wird es einen Hauch dunkler, mal heller. Das hängt natürlich auch vom Larventyp ab – Rössletreiber sind meistens dunkler, Glattlarven etwas heller. Für einen schönen und gleichmäßigen Verlauf werden die Farben lasierend aufgetragen, also zuerst hauchdünn mit dem Pinsel aufgetragen, dann vorsichtig mit den Fingern verstrichen, getupft und sanft eingeklopft – fast wie eine Gesichtsmassage. Die Vertiefungen, also Falten, erhalten dunklere Farben, die erhabenen Stellen hellere und werden genauso behandelt – bis zum Rot der Wangen, Lippen und der Nase.

Braucht es mehrere Farbaufträge? Wie viel Zeit muss man insgesamt rechnen, bis eine Larve fertig ist?
Ja, das hier ist gerade die zweite Fassung mit ganz normalen Künstler-Ölfarben. Die erste, der Grundton, kommt unmittelbar auf den Kreidegrund. Der ist sehr wichtig; mein Vater bereitet mir damit das Lindenholz für die Fassung vor. Geschliffen ergibt er einen glatten Malgrund. Vier Wochen dauert es, bis eine Larve fertig ist – davon nimmt das Trocknen die meiste Zeit in Anspruch. Für eine Fassung allein brauche ich eine Stunde, schon, weil ich zügig arbeiten muss. Die Farbe trocknet sonst ein und ich kann nicht mehr Nass in Nass weiterarbeiten. Dann trägt mein Vater seinen Lack auf, den er selbst ansetzt, und schleift ihn wieder, wenn er trocken ist. Dann folgt die nächste Lasur. Der Schlusslack ist ein Bernsteinlack. Damit sind Holz und Farben gut geschützt, und es kann nichts mehr reißen. Eine gute Fassung wirkt durch die Lasurschichten transluzid, sie bekommt Tiefe und die Larve wirkt lebendig.

Wie haben Sie das Fassmalen gelernt?

Der damalige Fassmaler meines Vaters, Georg Müller aus Villingendorf, hat mir das traditionelle Larvenfassen vor 10 Jahren beigebracht (Fasszeichen: Halbmond mit Punkt und Widder, sein Sternzeichen). Mein Vater hat wohl gesehen, dass ich gern male. Und ich war ja auch immer wieder bei ihm dabei. Auch mein Sohn ist gern beim Opa in der Werkstatt; ihm gefällt das Schnitzen. Und auch er malt gern – U-Boote und Schiffe.

Offenbar muss man sich um das Fasnetshandwerk keine Nachwuchssorgen machen?

Nein, es gibt immer Leute, die sich dafür interessieren, ob das jetzt innerhalb der Familie geschieht oder nicht. Ich finde, da darf man sich nicht verschließen und muss es auch fördern, wenn mal eine Anfrage kommt. Ich selbst bin jetzt noch nicht so weit, dass ich die Fassmalerei weitervermitteln kann, mir fehlen noch ein paar Grundkenntnisse. Zum Beispiel sollte ein Larvenfasser auch selbstständig den Kreidegrund aufbringen; das ist eine Kunst für sich. Aber da bräuchte ich wegen des Staubs beim Schleifen eigentlich auch zwei getrennte Räume. Es gibt noch mehr junge Leute, die sich um das alte Handwerk bemühen, wie Matthias Aiple, der in Wien Architektur studiert und bei meinem Vater lernt.

Das Handwerk Ihres Vaters: Hatten Sie als Kind schon den Wunsch, das auch mal zu können?

Eigentlich nicht, das war eher das Gefühl: „Papa macht das, es ist gut und interessant." Aber selbst wäre ich nicht auf die Idee gekommen. Bis mein Papa sagte: Eigentlich kannst Du so was ja auch, jetzt probier's mal. Zu der Zeit habe ich Volkshochschulkurse besucht und gemalt. Aber eine kreative Ader scheint in der Familie da zu sein.

Was ist das heute für ein Gefühl, in die Fußstapfen bekannter Fasnetshandwerker zu treten und eine Tradition fortzusetzen?

Das ist schon eine Verpflichtung, der man sich am Anfang gar nicht so bewusst ist. Aber wenn man sich fragt: „Was wäre denn, wenn ich mal keine Lust mehr hätte?" und die Nachfrage ja auch da ist, denke ich mir: „Nein, das kannst Du nicht bringen." Manchmal gibt es schon Phasen, wo es ein bisschen zu viel wird. Aber so ganz aufhören – das wäre so schlimm, wie wenn man überhaupt keine Fasnet mehr hätte! Es gehört schon zu meinem Leben, ist ja auch ein toller Ausgleich. Wichtig ist: immer gleich dran zu gehen, wenn ein Auftrag kommt.

Stichwort Narrensprung – was fällt Ihnen dazu ein?

Wir gehen lieber am Dienstagmorgen, da stehen dann auch eher die wirklich interessierten Leute. Und ich mache mir Gedanken, weil in letzter Zeit zunehmend Federahannes und Schantle neu abgenommen werden. Warum eigentlich? Weil man einfach nur beim Narrensprung dabei sein will und die beiden am wenigsten kosten? Oder weil es einem wirklich wichtig ist? Aber wie soll man das trennen?

Wird die Tradition denn trotzdem gelebt? Oder wird sie durch solche Entwicklungen beschädigt?

Wenn ich die Bemühungen der Zunft sehe, scheint die Angst schon groß zu sein. Sie gehen ja auch in die Kindergärten und Schulen, laden ins Haus ein zu verschiedenen Kursen oder zum Kindernachmittag. Die Veranstaltungen sind gut besucht – das Interesse der Leute, es richtig zu machen, ist auf jeden Fall da!

Federahannes von Matthias Aiple

JOACHIM HAILE

Musiklehrer, gebürtiger Rottweiler, lebt in Dormettingen im Zollernalbkreis. Seit 2005 mit zugelassenen Kleidle beim Narrensprung

„Wenn ich male, geht's mir richtig gut"

Herr Haile: Wo fängt man denn beim Bemalen eines Narrenkleides an?

Wenn ich ein Narrenkleid beginne, mache ich immer zuerst das, was vielleicht andere als das Langweiligste empfinden. Aber damit male ich mich warm: mit den roten und blauen Bögen am Saum der Kleidle. Der breite Stoffstreifen wird aber separat gebracht, damit ich ihn ausbreiten kann, denn am Kleidle wird dann in Falten angenäht. Die Breite der einzelnen Bögen zeichne ich mir zwar an, die Höhe nicht – ich möchte nicht, dass es statisch aussieht.

Wie kamen Sie denn zum Malen – und wann?

Ich wollte mir schon lange mein eigenes Kleidle malen! 1987/88 war mein erstes, damals noch mit Textilfarben, die sind weicher und feiner. Die Kopfstücke werden ja nicht so gewaschen wie die Kittel und Hosen, aber nach sechs, sieben Jahren, vor allem wenn sie in der Maschine gewaschen werden, sieht das nicht mehr schön aus, nur noch abg'schafft. Nicht mal so wie verblasste Ölfarbe, das wirkt interessanter. Das Wetter macht denen nix aus. Ich hab mir den Sprung jahrelang angeschaut, und ich fand das faszinierend. Das wollte ich schon immer, dass Kleidle von mir durchs Schwarze Tor nabjucket! Dann habe ich so um 2000 mein erstes Ölbild gemalt, ohne Kurs vorher übrigens. Für mich war das eine gute Entwicklung: Öl ist anspruchsvoller. Ich möchte da auch nicht mehr zurück.

Das scheint sehr stilisiert ...

Ja, da wusste ich auch noch gar nicht, wie man einen Pinsel setzt, oder wie man Farben mischt und aufträgt. Ich hab mich langsam herangetastet, auch was die Malmittel betrifft.

Sind das fertige Farben?

Ja, aber ich mache sie unterschiedlich an – mit Leinölfirnis, mit Terpentinersatz. Aber ich muss aufpassen, mit Malmitteln wird das schwer trocken. Das ist halt der Unterschied zum Gemälde: Das langt man ja nicht an. Und ich will ja auch nicht, dass die Bilder brechen. Darauf hat die Zusammensetzung der Farben Auswirkung! Es gibt unterschiedliche Mittel, verschiedene Mischungsverhältnisse. Und das braucht viel Erfahrung. Ich mache auch Waschproben, also von Hand.

Sie haben hier den Bildband „Rottweils Jesuiten" aufgeschlagen stehen – darf ich vermuten, dass Sie sich an historischen Porträts orientieren?

Nein, hier geht es hauptsächlich um die Farben, nicht um ein Porträt. Mein aktueller Kunde wollte jetzt beispielsweise keinen Turban, sondern eher ein Käpple. Da kann ich dann frei variieren. Ich male die Figuren auch nicht einfach ab, da kann schon jeder seinen eigenen Stil einbringen. Der muss halt passen ... Dennoch habe ich genug Spielraum. Ich kann beim Narrensprung den einen oder anderen Maler erkennen, das sehen auch andere Zuschauer so, die es interessiert. Ich schaffe ein oder zwei Kleidle im Jahr, da gibt es jährlich bei rund 15 zuge-

Tiroler und Türken

lassenen Weißnarren genügend stilistische Vielfalt. Gott sei Dank darf man bei uns in Rottweil die Kleidle nicht komplett fertig kaufen!

Seit 2009 gibt es ja den „Leitfaden" der Narrenzunft „zur Herstellung eines Original Rottweiler Narrenkleids". Was sind denn Vorgaben für Sie als Maler?
Die Rottweiler meinen: „Weniger ist mehr." Und die Motive sind eng begrenzt: „Türken" in Erinnerung an die Rottweiler beim Türkenkrieg – also heute eher „Orientalen" im weiteren Sinne – und „Tiroler" als Symbol des Freiheitskämpfers. Innerhalb dieser Grenzen darf ich mich, mit der Darstellung weiblicher oder männlicher Figuren, frei bewegen, allerdings nicht vermischt. Porträts sind nicht zulässig! Und ein Gesicht darf höchstens im Dreiviertelprofil erscheinen, es müssen immer beide Augen sichtbar sein – und wenn es nur ein klitzekleines Stück ist. Auf dem Kopfstück müssen drei Köpfe erscheinen,

Nicht nur die Bögle erfordern eine ruhige Hand.

dazwischen Wein- oder Efeuranken. Das Gleiche gilt für die Hosen. Auf dem Kittelrücken male ich auch mal einen Bacchuskopf oder sehr gern eine Sonne. Immer ein wenig unterschiedlich. Blüten sind zulässig; Schmetterlinge, Flügel oder Vögel wie Papageien oder gar der Adler eigentlich nicht mehr …

… auch wenn man sie beim Sprung sieht, oder?

Ja, die sind alt und haben halt Bestandschutz. Ich sage meinen Kunden aber immer: Ich kann Euch das nicht draufmalen. Nur wenn ich ein altes Kleidle kopiere, geht das noch. Nachher bin ich schuld, wenn das Kleidle nicht abgenommen wird. Aber dafür gibt es ja rechtzeitig die Informationsabende der Zunft. Da kann man zum Beispiel über die Farben sprechen, wie das Blau oder Weinrot der Halbkreise an den Säumen. – Ich bin zwar gebürtiger Rottweiler, aber ich kann heute nicht mehr einfach hergehen und mein Kleidle wieder zulassen. Ich kann höchstens eines mit Brief und Plakette kaufen, dann kann das von der Zunft auf meinen Namen umgeschrieben werden. Aber ein neues darf ich nicht anmelden – das dürfen nur Rottweiler Bürger. Früher musste man sogar erst mal 10 Jahre dort gewohnt haben.

Sie restaurieren auch?

Ja, klar. So ein wenig abgeblätterte Farbe, das hat zwar was. Aber ich hatte kürzlich einen Fall, da war Acryl-Grundierung drunter, die bricht und wird spröd und nimmt die Ölfarbe nicht an. Jetzt wurde das Kleidle einmal in 20 Jahren gewaschen – und es kam ganz schlimm brüchig heraus. Die Kundin ist fast verrückt geworden.

Hat diese handwerkliche Arbeit eigentlich Einfluss auf einen selbst oder muss man Achtsamkeit und Behutsamkeit schon von Anfang an mitbringen?

Für mich ist das gut, es bringt mir Ruhe und Konzentration; da könnte mich niemand stören. Am Anfang war ich so vertieft, dass ich erst hinterher gemerkt habe, wo ich überall versehentlich Farbe drangebracht habe – das weiß ich heute schon besser. Ich hab aber früher nie gern gemalt. Aber wenn man etwas will, das einen reizt, entwickelt man sich wohl weiter. Mir macht das heute fast schon mehr Spaß als Musikmachen. Mit hunderten von Zuhörern sind Orchesterkonzerte sind ja das komplette Gegenteil. Das ist, wie wenn ein Ton danebengeht – hier habe ich Zeit, mir zu überlegen, wie bekomme ich den Farbklecks wieder weg. Aber der Prozess ist vergleichbar: Wenn ich in der Musik richtig drin bin, nehme ich um mich herum auch nichts mehr wahr. In dem Moment, wo ich mit meinen Kindern Musik mache oder wenn ich male, geht's mir richtig gut.

Fasnet bis 1960

Während sich in den Karnevalshochburgen Köln, Mainz, Düsseldorf und überhaupt im Rheinland der Sitzungskarneval und die Karnevalsumzüge mit Motivwagen bis heute erhalten haben, regte sich jedoch um 1900 in Rottweil Widerstand gegen diese Form des Feierns. Drei Gründe mögen für die Renaissance der Straßenfastnacht verantwortlich gewesen sein. Zum einen fühlte sich das einfachere Volk von dieser bildungsbürgerlich verordneten Fastnacht von oben bevormundet. Zum anderen erreichte im Jahr 1903 die Straßenfastnacht mit neun Narren, die am Narrensprung teilnahmen, einen neuerlichen Tiefpunkt. Offenbar waren sich einige Fasnetsbeseelten nach diesem kläglichen Bild des Narrensprungs der Tatsache bewusst, dass eine weitere Vernachlässigung der reichsstädtischen Straßenfasnet wohl das Ende eines jahrhundertealten Brauchtums bedeutet hätte. Und drittens interessierte sich das Bildungsbürgertum im Zuge der Neoromantik plötzlich wieder für die alten Bräuche.

Waren es die Fasnetshühner, die Rottweil den ersten Nachweis des Fasnetsbegriffs in Rottweil bescherten, so spielt nun für das weitere Geschehen um die Fastnacht wieder ein Tier eine Rolle. Dieses Mal trug der Marder das Seinige dazu bei, dass Rottweil ein wichtiges Stück

Brauchtum erhalten blieb. Der „Marder", ein gut besuchtes Lokal gegenüber dem Westportal des Heilig-Kreuz-Münsters, diente einer Gruppe von Handwerkern und Gewerbetreibenden als Versammlungsort, in dem am Freitag, den 30. Oktober 1903 die Narrenzunft als Narren-Verein Rottweil wieder gegründet wurde. In dem der Narrenzunft Rottweil vorliegenden Protokollbuch steht über diese Gründungssitzung zu lesen:

„Rottweil, den 30. Oktober 1903

Auf Veranlassung von Herrn Karl Pfister, Glasermeister, und Wendelin Benner erschienen heute Abend im Gasthaus Marder 22 Herren. Der Zweck der Zusammenkunft ist die Gründung eines Vereins zur Hebung der öffentlichen Narretei an den beiden Fastnachtstagen. Der Verein konstituiert sich unter dem Namen Narren-Verein Rottweil. Als kommissarische Vorstandschaft bis zu der im Januar stattfindenden Generalversammlung wurden nachstehende fünf Herren gewählt.

1. Karl Pfister,
2. Wendelin Benner,
3. Joseph Dorn,
4. Robert Zipfel,
5. Hermann Hoch.

Als Vorsitzender wurde Karl Pfister, als Schriftführer Wendelin Benner, als Kassierer Herrmann Hoch ernannt.

Zweck des Vereins ist die Hebung der Rottweiler öffentlichen Narretei ‚wie vor Altem'."

Narren macht durstig, auch in Rottweil-Altstadt.

Man fing also wieder an, die alten Narrenkleider und Larven hervorzuholen und die Fastnacht wie in früheren Zeiten zu feiern. Und das mit Erfolg. Unter Narrenmeister Pfister beteiligten sich 1905 am Narrensprung am Fastnachtsdienstag bereits wieder 80 Narren. Zwei Jahre später richtete man schon zwei Narrensprünge aus – einen am Fastnachtsmontag und einen am Fastnachtsdienstag. Als dann 1911 die Stadtkapelle den wieder aufgetauchten Narrenmarsch Heinrich von Beseles zum Narrensprung spielte, war die Form der heutigen Rottweiler Fastnacht gefunden.

Wer allerdings geglaubt hat, nun entwickle sich dieses Brauchtum linear und mit steigendem Zuspruch der Bevölkerung in die Jetztzeit, wurde eines Besseren belehrt. Zwar gründete sich in der ersten fastnachtlichen Euphorie der damaligen Zeit 1914 die Narrenzunft Rottweil-Altstadt.

Aber die anbrechende Moderne sah sich nicht mehr primär der Vergangenheit verpflichtet, sondern die Zukunft wurde zur dominanten Zeitebene. Es sollte nicht mehr wie früher, sondern alles ganz anders werden. Der Weg dorthin nannte sich recht empathisch „Fortschritt". Dieses durch die Obrigkeit verordnete Weiterkommen führte dann dazu, dass sich Rottweil, wie auch andere Fastnachtsorte, gegen massive Widerstände seitens der Verwaltungsbehörden wehren musste.

ROTTWEILER NARRENMARSCH

Auf, wachet auf, wachet auf,
Ihr alten Narren wachet auf,
Auf, 's bricht der Tag an,
Zieht Euch nur rasch an.
Denn, 's ist heut' Fasnacht,
Die uns viel Freud' macht,
Heute wie vor altem
So wird's gehalten.
Ja, so lang noch ein Herz
In unserem Busen schlägt.
Und so lang noch Reichsstadtblut
durch die Adern fließen tut,
Feiern wir Fasnacht,
Die Fasnacht in aller Pracht,
Halten hoch die Tradition,
Weichen niemals ab davon.
Jedem zur Freude,
Und niemand zum Leide.

Alles, alles, hoch und nieder,
Freut sich auf die Fasnacht wieder,
Weil sich ein Jedes
So richtig vergessen kann,
Vergessen all die Alltagssorgen
Bis zum Aschermittwochmorgen.
'S gibt noch 'ne Freude
Im Leide, Kopf hoch!

Bumm, jetzt goht's los!
Achte schlägt es auf dem Turm,
Ganz nervös wird's Publikum.
Denn 's ertönet die Musik,
Von der Straße z'rück, z'rück!
Platz gemacht,
es kommen schon
Aus dem Tor
die kleinen Clown,
Ganz im Takte der Musik.
Tra-la-la!'S ist alles
ganz entzückt.

Auf, horchet auf, horchet auf,
Ihr Bürgersleute horchet
Horcht, wie sie klingen,
Seht, wie sie springen,
Hei! All Euch Narren
Könnt ich umarmen,
Seufzt laut die Lene,
Schluckt eine Träne,
Ja, weil sie in d'Fasnachtszeit
So ganz vernarret ist.

Drum grüß Euch Gott,
Ihr liebe Narren.
Lieb Euch schon seit tausend Jahren,
Ach gar so herzlich, so selig,
so inniglich,
Ja, Ihr Narren im bunten Kleid,
An Euch hat alt und jung 'ne Freud',
Weil Ihr so ang'nehm,
so vornehm stets seid.

Hei, jetzt schau die Hauptstroß runter,
Kopf an Kopf stond d'Leut, potz dunder,
Jesses d'r Vetter und Gotta und d'Mariebas
Und selle alte Leut dert drübe,
Hei die freut es Lebe wieder,
Grüßet und winket und sind halt vergnügt.

B u m m ! Jetzt recht breit.
Guck dert naab, am grauße Haus,
Schaut scho' älls zum Fenster raus.
D'Obrin druckt en Aug' heut' zu,
Gib e wengle zue, zue,
Hei, des nützt d'r Lehmann aus,
Lacht verschmitzt und reißt glei aus,
Freud ischt heut' im Pfründnerhaus,
Bald, ja bald
Gucket mir au dert drobe raus.

Text: Otto Wolf
Musik: Heinrich von Besele

Narrensprung 2011

Zauberhaftes Gschell aus den Dreißigern (Privatbesitz)

Zudem war die politische Lage in den zwanziger Jahren des vorigen Jahrhunderts extrem brisant. Der November 1918 brachte nach dem Amtsverzicht von König Wilhelm II. das Ende der Monarchie mit sich. Bereits am 26. April 1919 entstand der freie Volksstaat Württemberg als Gliedstaat des Deutschen Reiches. Und am 10. Januar 1920 trat der die damalige Generation demütigende Friedensvertrag von Versailles in Kraft. Die sich daraus ergebenden Reparationszahlungen und Folgekosten belasteten das Wirtschaftsleben immens. Um die Lage in den Griff zu bekommen, befahl die Regierung drastische Lohnkürzungen und legte mit strengen Verordnungen allem Reaktionären die Ketten an. Immer weiter nach vorn und bloß kein Blick zurück war die Losung.

Es war daher eine logische Folge, dass die württembergische Regierung seit Beginn des Ersten Weltkrieges keine Fastnacht mehr duldete. Trotz des Verbots kam es 1919 in Rottweil zu einem kleinen Narrensprung mit rund 15 Narren. Auch ein Jahr später ließen sich Rottweils Narren das Feiern nicht verbieten, selbst wenn es dafür Opfer zu bringen galt. Dies bekamen in diesem Fall die Musiker der Stadtkapelle zu spüren. Für ihre Beteiligung am Narrensprung des Jahres 1920 hatten sie eine Strafe von 80 Mark, was damals ein kleines Vermögen darstellte, zu zahlen. 1921 verbot dann das Stuttgarter Innenministerium die Rottweiler Fastnacht erneut. Wieder einmal also kämpften die Rottweiler um den Fortbestand ihres so geliebten Brauchtums. 1922 allerdings erwirkte die Rottweiler Narrenzunft eine offizielle Ausnahmegenehmigung. Rottweil durfte seine Fastnacht feiern, obwohl im August 1921 der Mord an dem württembergischen Zentrumspolitiker Matthias Erzberger durch rechtsterroristische Attentäter die Öffentlichkeit schwer erschütterte. Leider aber hielt die Übereinkunft zwischen der Narrenzunft und der Regierung nur für ein Jahr, denn 1923 spitzte sich die politische Lage im Lande wieder dramatisch zu. Am 11. Januar marschierten 60.000 französische und belgische Soldaten in die Ruhrstädte ein, um die Deutschen als „treulose, wortbrüchige Barbaren" zu bestrafen. Bald wurde die Zahl der Besatzer auf mehr als 100.000 Mann erhöht. Insgesamt wurden während der Ruhrbesetzung 137 Menschen getötet. Noch explosiver aber waren die wirtschaftlichen Folgen. Die Lohnzahlungen für rund zwei Millionen Ruhr-Arbeiter, der Wegfall von Steuereinnahmen und der teure Ankauf von Kohle gegen Devisen im Ausland setzten der ohnehin bereits stark angeschlagenen deutschen Währung weiter zu. Der Nährboden für die Hyperinflation war somit bereitet.

Erst 1924 genehmigte das Oberamt daher die Wiederaufnahme der Rottweiler Fastnacht. Zwischenzeitlich hatten allerdings die dem Fastnachtsbrauchtum zugewandten Personen die Zeichen der Zeit erkannt. Durch die Geschehnisse in den vergangenen Jahren kam klar zum Ausdruck, dass behördliche Auflagen aus der Fastnacht etwas Beliebiges machen würden. Regierungsbeamten könnten nach eigenem Gutdünken über die Fastnacht entscheiden. Diese Schreckensvision aus Sicht der Brauchtumsverfechter führte am 16. November 1924 in Villingen zur Gründung des „Gauverbandes Badischer und Württemberger Narrenzünfte", der sich 1930 in die „Vereinigung Schwäbisch-Alemannischer Narrenzünfte (VSAN)" umbenannte. Gründungsmitglieder waren damals die Narrenzünfte aus Bräunlingen, Donaueschingen, Haslach, Hüfingen, Laufenburg, Offenburg, Schramberg, Stockach, Villingen, Waldshut, Elzach, Oberndorf und Rottweil. Zum Präsidenten wurde Benjamin Grüninger aus Villingen und zu seinem Stellvertreter Wilhelm Herb aus Rottweil gewählt. Vereint wollte man gegen künftige behördliche Auflagen gewappnet sein und veranstaltete regelmäßig Narrentreffen in verschiedenen Städten. So fand das erste Narrentreffen der Vereinigung bereits am 20. Januar 1928 in Freiburg statt, bevor 1929 Villingen und 1930 Rottweil die befreundeten Zünfte einluden.

Narrenengel (German Burry 1884; Narrenzunft Rottweil)

Kempters Gschell, eine der schönsten Glattlarven (ca. 1773; Privatbesitz)

„Narrensprüngle" im Stadtmuseum (Otto Wolf)

Zigarren

Till Eulenspiegel und Bajasse unterm Schwarzen Tor (vermutlich 1925)

Der Erfolg der Vereinigung bei der Abwendung eines im Badischen Landtag eingebrachten Antrags zum Verbot des Fastnachtsunwesens führte dazu, dass immer mehr Zünfte um Aufnahme in den Narrenbund baten und die Narrentreffen immer stärker zu Massenveranstaltungen mutierten. Vor allem die ständige Neuaufnahme von Zünften ohne überliefertes Brauchtum und Tradition führte 1934 zum Austritt der Narrenzünfte aus Elzach und Rottweil. Der Kontakt zwischen den zwei Rebellen und der Vereinigung brach aber nie ganz ab. Vielleicht gingen auch deshalb 1935 die gegnerischen Parteien wieder aufeinander zu. Die Vereinigung gelobte Besserung im Hinblick auf Masse und Klasse der zugehörigen Zünfte, was dann zum Wiedereintritt von Elzach und Rottweil führte. Die Zünfte mussten nun ihren historischen Hintergrund belegen.

Bei dem im Jahre 1938 in Überlingen stattfindenden Narrentreffen reihen sich dann aber fremde Gruppen, die nicht zur VSAN gehören, in den Umzug ein. Wieder brodelt es in der Vereinigung gehörig. Zu Diskussionen kam es ferner, weil der Bund Deutscher Karneval (BDK) im Zuge der Gleichschaltung Druck auf die Vereinigung ausübt. Der BDK fordert die nunmehr 47 Zünfte der Vereinigung auf, Einzelmitglieder des BDK zu werden. Präsident Albert Fischer wird vom Bund Deutscher Karneval zunehmend als Störenfried empfunden. Ausdiskutieren konnten die Verantwortlichen die Streitpunkte jedoch nicht mehr, denn 1939 feierten die Rottweiler und viele andere Narrenstädte für acht Jahre ihre letzte Fastnacht.

Auf Bitten von 436 Rottweiler Bürgern, die der französischen Besatzungsmacht eine Petition zustellten, erteilte diese 1947 die Genehmigung für die erste Nachkriegsfastnacht. Als Veranstalter bat die am 3. März 1946 dieses Mal im Gasthaus „Hasen" wiedergegründete Narrenzunft um rege Teilnahme. Dieser Aufforderung folgten etwa 300 Narren. 1947 kam es auch zur Wiedergründung der VSAN. Acht Zünfte waren durch Repräsentanten bei der Wiedergründungsversammlung anwesend, darunter Rottweil, vertreten durch Schreinermeister Fritz Graf, der zum 2. Vorsitzenden benannt wurde. Die Repräsentanten der alten Zünfte Elzach, Überlingen, Villingen, Oberndorf und Rottweil organisierten sich in der Vereinigung nun besser, was sich auf die Kriterien für die Aufnahme in den Verbund auswirkte. 1950 kam es allerdings zu Meinungsverschiedenheiten, bei der eine Untergliederung innerhalb der Vereinigung in jüngere Zünfte, historische Zünfte und althistorische Zünfte im Mittelpunkt stand. Nach Ablehnung dieser als Klassenpolitik bezeichneten Aufteilung nahmen Rottweil, Elzach und Überlingen an keinem Narrentreffen mehr teil. Am 9. Juli 1953 erklärten die alten Narrenzünfte Rottweil, Elzach und Überlingen auf der Hauptversammlung in Stockach ihren Austritt aus der Vereinigung und gründeten per Handschlag einen unabhängigen „Dreierbund" ohne Satzung und Mitgliedsbeitrag. Mit der Aufnahme der Narrenzunft Oberndorf in den „Dreierbund" im Jahre 1958 entsteht dann der allseits bekannte „Viererbund".

Aber selbst nach der Konstitution der Rebellenzünfte im Viererbund bleibt die VSAN mit ihrem Präsidenten Zehnder aus Villingen mit den ausgetretenen althistorischen Vereinigungen in Kontakt. Und so kommt es, dass sich am 10. Oktober 1959 die Poppelezunft aus Singen mit einer schriftlichen Einladung an die Narrenzunft Rottweil wendet. Die Poppelezunft ist seit 1933 im VSAN organisiert. Am 6./7. Februar 1960 ist Singen Ausrichter des Großen Narrentreffens der VSAN unter der Schirmherrschaft von Ministerpräsident Kurt Georg Kiesinger und bittet des Spektakels wegen auch Rottweil um Teilnahme. Tatsächlich füllt die Narrenzunft Rottweil am 9. November 1959 die Anmeldung für das Narrentreffen aus und legt den Zunftbrüdern aus Singen noch einen Kostenvoranschlag für die Teilnahme der Rottweiler bei. Nach Addition der einzelnen Beträge summieren sich die Kosten für die Mit-

Die Narren warten am Friedrichsplatz auf den Schluss vom Narrensprung (1928).

Aufsagen in der Stadt: Franz Karreis bekommt was vom Gschell Viktor Hezinger zu hören (vermutlich 1936).

Hochkarätiges in der Narrenstube des Rottweiler Stadtmuseums

wirkung, samt dem von Rottweil eingeforderten Bengalischen Feuer, auf fast 8.000 DM. Rechnet man den von den Rottweilern damals veranschlagten Betrag auf heutige Verhältnisse um, hätte Singen die Anreise der Rottweiler Narrenzunft etwa 50.000 Euro gekostet. Auch diese immense Kostenschätzung dürfte wohl der Grund für die Absage aus Singen gewesen sein.

Trotz dieser wohl klaren Botschaft aus Rottweil meldete sich am 29. Dezember 1959 das Stadtoberhaupt von Singen, das als Festpräsident die Veranstaltung mitorganisierte und wohl als, heute würde man sagen, Moderator einsprang. Der Oberbürgermeister der Stadt Singen versuchte schriftlich eine Verständigung zwischen Viererbund, respektive Rottweil, und dem VSAN zu erreichen. Im Wortlaut liest sich dieser der Narrenzunft vorliegende Brief wie folgt:

„Sehr geehrte Herren,
wohl alle Freunde der guten und althergebrachten Fasnacht bedauern es, dass dieses wertvolle Anliegen der Pflege alten Brauchtums dadurch beeinträchtigt ist, dass zwischen verschiedenen Zünften Meinungsverschiedenheiten bestehen, und ich gehe sicher nicht fehl, wenn ich annehme, dass Sie – wie wir – den Wunsch haben, diese Meinungsverschiedenheiten zu überbrücken. Es scheinen denn auch in absehbarer Zeit die äußeren Voraussetzungen gegeben zu sein, um zu einer Einigung zu kommen. Es würde mir eine außerordentliche Freude bedeuten, wenn wir Ihnen bei dem Singener Narrentreffen – mindestens über den Gartenzaun herüber – die Hand drücken könnten, um so aus freundschaftlicher Nachbarschaft heraus das Gespräch für eine möglichst baldige Einigung anbahnen zu können. Es wäre mehr als schade, wenn bei dieser Demonstration alten Volkstums in Singen mit die Besten fehlen würden. Ich lade Sie drum sehr herzlich ein, doch als Gäste zu uns nach Singen zu kommen. Sie würden mir eine große Freude machen, wenn Sie mir eine Zusage schicken (Anmeldeformular Zahl der Larventräger, Kapellen etc. anbei). Ich bin auch sehr gerne bereit, über etwaige Hindernisse mich mit Ihnen zu unterhalten.
Mit freundlichen Grüßen Theopont Diez".

Das Anmeldeformular wurde seitens der Narrenzunft nie ausgefüllt. Nicht ein einziger Rottweiler Narr war in Singen im Jahre 1960 zu bestaunen. Rottweil nahm nicht teil und brach mit der VSAN endgültig. Endgültig auch deshalb, weil man in dem Jahr ein eigenes Narrentreffen mit den Zünften des Viererbundes feierte. Heute zählt die Narrenzunft Rottweil 7.863 Narrenkleider. Am Narrensprung nehmen über 4.000 Narren teil und der Viererbund hat sich als unkonventionelle Vereinigung seit fast 60 Jahren bewährt. Die 1975 begonnene Erfassung aller Narrenkleider im „Erneuerten Rottweiler Narrenregister" war für die Rottweiler Fasnet ein wichtiger Schritt, überliefertes Brauchtum für die Zukunft zu sichern und für kommende Generationen zu pflegen. Jede Larve wird fotografiert, die Riemen erhalten einen Prägestempel und das Kleidle wird auf Übereinstimmung mit dem von der Zunft herausgegebenen Leitfaden geprüft.

Jedes neue Narrenkleid wird akribisch registriert und hofft auf die Plakette.

LEITFADEN BISS – AUSZUG

Lieber Narr,

für die Herstellung Deines „Original Rottweiler Narrenkleides" haben wir diesen Leitfaden erstellt. Es ist uns ein großes Anliegen, die Vielfalt unserer Narrenkleider zu erhalten, gleichzeitig aber Modetrends und gestalterischen Auswüchsen in der Herstellung und Gestaltung entgegenzuwirken.

Durch den ungebrochenen Ansturm auf die Herstellung neuer Narrenkleider ist es vorrangige Aufgabe der Narrenzunft, stärker als je zuvor auf die Qualität der neu zuzulassenden Narrenkleidle zu achten.
Bitte nutze deswegen die monatlichen Informationsabende, damit wir Dich bei der Herstellung Deines Narrenkleides unterstützen können und wir gemeinsam einen Beitrag dazu leisten, die Einzigartigkeit unserer Fasnet zu erhalten.

Dies gilt insbesondere für die Herstellung der Larven. Leider müssen wir feststellen, dass durch immer mehr serienmäßig oder gar maschinell hergestellte Larven die Vielfalt und Individualität unserer Narrenkleidle bedroht wird.
Eine Abnahme kann nur erfolgen, wenn die Kleidle, insbesondere die Larve vollständig in reiner Handarbeit gefertigt und gefasst sind. Wenn diese Voraussetzungen nicht vorliegen, müssen wir die Abnahme ablehnen.

Da wir keinen Vertrag mit den Handwerkern haben, empfehlen wir dringend, sich vor der Herstellung vom Handwerker, insbesondere Schnitzer, schriftlich bestätigen zu lassen, dass es sich bei Deiner Larve um eine reine Handarbeit – auch nicht um einen überarbeiteten Fräsling – handelt.

Jede Larve sollte so unverwechselbar sein, wie der Narr, der sie trägt.
...

Das Biss
Die Seele eines jeden Narrenkleides ist die Larve. Aber auch auf die Herstellung der anderen Teile sollte ein besonderes Augenmerk gerichtet werden.

Beim Infoabend der Narrenzunft und bei den angegebenen Kontaktadressen erhältst Du eine Auflistung der verschiedenen Fasnetshandwerker, bei denen Du die einzelnen Teile Deines Narrenkleides herstellen lassen kannst.
Die Narrenzunft gibt Dir folgende Tipps und Hinweise, die Du bei der Herstellung „Deines Biss" beachten solltest:

Larve
Die Larve muss handgeschnitzt sein, das Material ist Lindenholz.

Die Larve zeigt ein kräftiges Männergesicht mit gefletschten Zähnen und Achtermaul oder ein maskenhaft geschnitztes Gesicht, bei dem das Zahnfleisch sichtbar ist (Abbildungen von sehr guten Bisslarven findest Du auf den nachfolgenden Seiten). Die Augenbrauen dürfen nicht angeschnitzt sein.

Du solltest Dir beim jeweiligen Schnitzer Larven oder Fotos von Bisslarven zeigen lassen, um sicher zu sein, dass die Larve dem von Dir gewünschten Typ (im Rahmen der Vorgaben) entspricht. Um sicherzugehen, dass es bei der Abnahme kein Problem mit der Larve gibt, ist es sinnvoll, dass Du oder der Schnitzer die Larve vor der Fassung beim Infoabend vorstellt und dies dokumentiert wird.

Bei der Fassung (Bemalung) der Larve gibt es ebenfalls Unterschiede. Auch hier lässt Du Dir am besten Larven bzw. Fotos zeigen. Man unterscheidet die sog. „Hochglanzfassungen", die recht neu wirken, und die „mattierten" Fassungen, die älter wirken. Es sollte immer ein Zusammenspiel von Farben, Fassart und Narrenkleid vorhanden sein. Eine Fassung wird immer in Handarbeit aufgetragen. Farbaufträge oder Lackierungen in Spritzverfahren entsprechen nicht einer „Rottweiler Fassung" und werden bei der Abnahme abgelehnt.

Die fertige Larve umrahmt ein helles Rosshaarkränzchen, verziert mit Schleifen und Bändern (keine grellen Farben). Rechts und links an den Seiten sind zwei kleine, oft rautenförmige Spiegelchen angebracht.

Grundsätzliches zur Bemalung
Die Narrenzunft freut sich über jeden Weißnarren, der das Bild unserer Fasnet besonders gestaltet. Um die hohe Qualität und Einzigartigkeit der Bemalung unserer Weißnarren zu erhalten, erachten wir es für notwendig, die Motive und deren Ausgestaltung vor der Anfertigung mit den Vertretern der Narrenzunft an einem Informationsabend zu besprechen. Es stehen auch reichlich Motive als Anregung zur Verfügung.

Kopfstück
Das Kopfstück sollte so geschnitten sein, dass Dir die Larve bei vorgebeugter Haltung nicht nach vorne fällt. Dann kann auch auf Gummibänder und Ähnliches verzichtet werden.

Bei der Länge des Kopfstücks ist darauf zu achten, dass der Oberarm zur Hälfte überdeckt ist. Die Bemalung erfolgt mit drei Köpfen (mit Schulterbereich der Köpfe).

Als Motiv sind nur „Türken" oder „Tiroler" zur Abnahme zugelassen. Eine Mischung mit weiblichen Figuren der genannten Motive stellt kein Problem dar. Türkenmotive und Tirolermotive dürfen nicht gemischt werden, Porträtbilder werden ebenfalls nicht zugelassen.

Besteht der Federahannes die Prüfung?

Wichtig:
Die Köpfe müssen in Frontalansicht gemalt sein (keine Profilansicht) und eine Kopfbedeckung aufweisen. Die Köpfe dürfen nicht vor einen Hintergrund gestellt sein. Die Umrandung des Kopfstückes erfolgt mit durchgängig blauen Bögen. Eine leichte Ausschmückung des Kopfstückes kann mit Weintrauben, Reben, heimischen Blumen und Efeu erfolgen.

Die Farbgebung der Bemalung sollte „barock" sein (erdige, warme Farben, keine grellen). Die Bemalung selbst erfolgt ausschließlich mit Ölfarben (keine Acryl- oder Stofffarben). Im Vergleich zum Gschell trägt das Biss nur einen Fuchsschwanz und ein kleines rundes Hütchen mit einem Federboschen aus Hahnenfedern. Direkt hinter dem „Boschen" wird der Fuchsschwanz befestigt.

Tiefe Blicke

Das Kopfstück muss fest unterhalb des Kränzles mit der Larve vernäht sein. Außer der Plakette und den Sprungbändeln der letzten 2–3 Narrensprünge sollen keine Zunftbändel und Abzeichen am Kopfstück (Narrenkleid) angebracht sein.

Kittel
Der Schnitt des Kittels ist leicht tailliert und nicht zu lang. Die Figuren auf der Hose dürfen nicht vom Kittel verdeckt werden. Der Rücken des Kittels kann mit einer Sonne oder einem Bacchuskopf bemalt werden. Als Ärmelbemalung können Rosen, Türkenlilien oder Wiesenblumen verwendet werden (keine Vögel etc.).

Der Kittelabschluss und die Abschlüsse der Ärmel werden wieder durchgehend mit blauen Bögen bemalt.

Die Bemalung erfolgt ausschließlich mit Ölfarben (keine Acryl- oder Stofffarben).

Hose
Der Schnitt der Hose ist weit und „pludrig".
Die Bemalung erfolgt von vorne und hinten mit zwei aufrecht stehenden Figuren der zugelassenen Motive. Auch hier ist die Staffage mit der Narrenzunft abzusprechen. Die Figuren stehen vor keinem Hintergrund und zeigen keine Profilansicht. Eine Mischung von Türken- und Tirolermotiven ist nicht möglich, Porträtbilder werden ebenfalls nicht zugelassen.
Die Umrandung der Figuren erfolgt vornehmlich mit Efeu, ansonsten ist sie mit der Zunft abzusprechen.
Vor dem Bemalen solltest du beim Narrenkleidmaler eine Anprobe des kompletten Narrenkleides vornehmen. So kann der Narrenkleidmaler die richtige Begrenzung der aufzumalenden Figuren festlegen.

Die Bemalung erfolgt ausschließlich mit Ölfarben (keine Acryl- oder Stofffarben).

Stoffbedarf
Für das ganze Narrenkleid (Haube, Kittel und Hose) wird Halbleinen benötigt: ca. 6,50 m bei einer Breite von 1,20 m.

Glocken
Das Biss trägt sechs oder wahlweise acht Riemen mit Glocken besetzt. Die Riemen müssen aus naturfarbenem Leder sein, die Verschlussschnallen aus Messing.

Die Anzahl und Größe der Glocken ist abhängig von der Körpergröße und sollte individuell beim Hersteller der Glocken ermittelt werden. Nur so ist ein tadelloser und schmerzfreier Sitz gewährleistet. Ein fertiger Glockensatz besteht aus mindestens 42 Glocken.
Die Anfertigung ist ausschließlich Handarbeit, die Halbschalen sind ineinander verkelcht und mit Messinglot verlötet.

Man unterscheidet zwei Herstellungsarten der Glocken: Eine Methode ist, vorgefertigte Halbschalen von außen zu beschlagen. Das Hieb- und Schlagbild ist unregelmäßig. Von einem Schlagbild mit Kugelkopfhammer sollte Abstand genommen werden. Die andere und ältere Methode ist das vollständige Austreiben des Stahlblechs in ein Gesenk. Von außen ist dann kein Schlagbild sichtbar. Bei dieser Ausführung sollte unbedingt ein Muster vorgestellt werden. Es sollte darauf geachtet werden, dass die Schlitze und Bohrungen der einzelnen Glocken entgratet sind, um einer Beschädigung des Narrenkleides vorzubeugen.
Nicht zugelassen werden verkupferte, vermessingte oder zu dunkle Glocken.

Narrenwurst
Die Narrenwurst ist aus naturfarbenem Leder und darf nicht zu hell sein. Auch hier empfiehlt sich eine Anfertigung entsprechend der Körpergröße.

An Haufa Sach g'hert zum a aständiga Narrakleid!

Sonstige Attribute
Korb, Schnupfdose, Narrenbuch oder „Handhebete". Ebenfalls kannst Du, ähnlich der Narrenschere, als „Zeigeinstrument" (nicht zum Schlagen wie der Schuttig) eine gerauchte trockene Saubloder mitführen. Diese kann z.B. halbiert oder geviertelt in schwarz-gelb oder rot-weiß bemalt werden und wird an einem Peitschenstiel (naturbelassen) befestigt.

Zum Biss gehören außerdem ein weißes Hemd, weiße Fliege, weiße Handschuhe, drei Foulards und geknöpfte weiße Hosenträger. Das Biss trägt schwarze Herrenschuhe mit knöchelhohem Schaft (also keine Turnschuhe, Trekkingschuhe, Knobelbecher oder Ähnliches).

Der Korb sollte nicht all zu groß sein, wichtiger ist ein Narrenbuch oder die Handhebete, mit denen nach dem Sprung aufgesagt wird.
...

MARTINA VAN SPANKEREN-GANDHI

Kleidlemalerin Rottweil
Restauratorin; Mitarbeiterin im Stadtarchiv

Wie kamen Sie – als Restauratorin – zum Kleidlemalen?
In Zusammenhang mit meinem Beruf male ich auch Ikonen. Als ich Dr. Hecht 2007 bei einem Stadtführerkurs kennenlernte, fragte er mich, ob ich nicht auch Kleidle bemalen könnte. Er bat mich um ein paar Entwürfe von „Türken" und Pflanzen, von denen er dann auch ganz begeistert war. Ich solle damit zur Narrenzunft gehen und mich vorstellen – wobei ich ihn aber um Begleitung bat, als Norddeutsche fühlte ich mich da etwas unsicher. Die waren ganz angetan und nahmen mich in die Handwerkerliste der Narrenzunft auf. Die Leute, die Kleidle malen lassen wollen, schauen erst mal dort nach.
In der Regel fertige ich erst Entwürfe, zeige sie – meist gemeinsam mit dem Kunden – der Zunft und lasse sie absegnen bzw. nehme die Änderungswünsche auf.

Also ist es besser, man hält sich gleich an die Richtlinien im Leitfaden? Empfinden Sie das als einengend?
Ja, schon ein bisschen. Grad auf der Hose dürfen die Figuren nur gerade stehen, sie dürfen keine Staffage haben, also keine Lanzen oder etwas anderes, was aus der Figur herausreicht. (Anmerkung: „Staffagen" sind laut Leitfaden mit der Narrenzunft „abzusprechen".) Schaut man sich zum Beispiel die alten Kleidle im Stadtmuseum an, dann sind die freier gemalt. Ich finde es ein bisschen schade ... Offenbar melden sich gerade auch sehr viel mehr Federahannes und Fransenkleidle an als Weißnarren. Das fällt bei den Narrensprüngen langsam auf.

Lenkt da die Zunft nicht ein?
Soweit ich weiß, waren die Weißnarren auch mal begrenzt. Aber das wurde wohl wieder aufgehoben. Aber wahrscheinlich ist das auch eine Frage des Preises – die Malerei auf dem Kleidle kostet halt extra. Eine Begrenzung dürfte schwierig sein, man kann ja nicht jeden kontrollieren.

Sie haben also eine fundierte, klassische Ausbildung. Garantiert der Restauratorenberuf auch, dass Sie auch frei malen können?
Nein. Ich habe zwar keine Kunst studiert, aber ich male sehr gern – wenn ich die Zeit finde. Zum Beispiel die Ikonen, da hat mich mein Vater, der Ikonen sammelt, draufgebracht. Als Kirchenrestaurator lernt man ja auch Vergolden.

Stichwort Zeit:
Wie viel brauchen Sie für ein ganzes Kleidle?
Schwer zu sagen. Wenn man dranbleiben könnte: gut 30 Stunden allein fürs Grundieren. Dazu kommen die Entwürfe, der Stoff muss, abhängig vom Leinen, dünn imprägniert und dann zwei- bis dreimal mit Kreidegrund grundiert werden, damit er die Farben nicht aufsaugt und zum Malen etwas fester wird. Dann wird der Entwurf übertragen. Abhängig von der Leinenstruktur ist auch der Zeitaufwand für das Malen selbst.

Haben Sie „Vorbilder"?
In dem Fall hier hat mir der Kunde ein Genrebild von einem Tiroler geschickt, an das ich mich halte. Bei der Tirolerin mussten wir lang suchen, denn wir wollten eine

nette – und die gibt es ganz wenig. Für die Türken gibt es im Stadtarchiv Kostümbücher. Der Kunde war ganz schön anspruchsvoll, und er hatte feste Vorstellungen, was mir letztlich auch geholfen hat. Und er war sehr nett.

Stellen Sie Ihre Farben selbst her?
Ölfarben nicht, aber die Temperafarben ja, mit Kremer-Pigmenten. Am liebsten male ich mit den alten Farben, die die alten Meister auch genommen haben – wie Ocker, Umbra, Siena. Also keine modischen Farben wie Cyan oder Magenta. Es sollen ja warme Farben sein. Und ansonsten verwende ich Malmittel, um die Trocknungszeit zu beeinflussen – wichtig bei Ölfarbe, wenn's beim Arbeiten nicht verschmieren soll.

Abgesehen davon, dass es nicht zulässig ist:
Wenn ich mich hier umschaue – Porträtmalerei scheint Ihnen zu liegen.
Waren Sie schon mal in Versuchung, auf einem Kleidle zu porträtieren?
Nein. Außerdem sieht das nicht schön aus, eher abgemalt, wie ein Foto; das passt nicht zum Malstil. Insofern fühle ich mich nicht eingeengt, aber es hat mich auch noch niemand gefragt.

Was gibt es denn für Vorgaben? Sind die Figuren festgelegt?
Wenn der Kunde nicht mit Ideen kommt, suche ich selbst Vorlagen für meine Entwürfe aus. Ich habe schon öfter Türken gemalt, da kam man die Kleider so schön ausschmücken, Brokathosen mit Gold drin und so. Das kann man bei Tirolern natürlich nicht, aber sie haben mir doch auch ganz gut gefallen. Es hat beides seinen Reiz. Den Entwurf zeige ich dann dem Kunden, auf die Hose aufgesteckt, damit die Länge stimmt. Er kann auch Einfluss auf die Farben nehmen, ich muss halt aufpassen, dass es nicht zu grell wird. Der Entwurf wird dann auf den Stoff übertragen.
Ansonsten regelt der Leitfaden ziemlich genau: Unter anderem dürfen – auf dem Kopfstück und den Hosen – nur weibliche oder männliche Tiroler oder Türken sein, auf den Kittelrücken darf auch ein Bacchuskopf oder eine Sonne. Bei den Hosen sind die Efeuranken eigentlich Vorschrift (Anmerkung: Efeu soll „vornehmlich" verwendet werden, ansonsten Absprache). Ein Kunde wollte gern Hopfenranken, aber das passte natürlich nicht zu seiner Bacchusfigur. Bei den Türken habe ich leider keine andere Möglichkeit als das Kostümbuch, und dann stehen die halt immer sehr ähnlich.

Aber es macht trotzdem Spaß!

Ähnlichkeiten? Rein zufällig!

CHRISTINA VIERECK

Kleidleschneiderin Göllsdorf
Seit 1991 als Damenschneidermeisterin selbstständig

„Beim Narrensprung hole ich mir neue Ideen und Anregungen für künftige Narrenkleidle"

Wie viel Zeit verbringen Sie mit dem Nähen?
Neben dem Haushalt mit drei Kindern und diversen ehrenamtlichen Tätigkeiten betreibe ich meine Schneiderei als umsatzsteuerfreies Kleingewerbe.

Wenn Sie über die Preise reden wollen – was kostet das Kleidlenähen?
Die Preise der einzelnen Narrentypen sind unterschiedlich. Sie sind abhängig von den Stoffmaterialien, den mehr oder weniger aufwendigen Borten sowie deren Anzahl, den weiteren Materialien sowie den jeweiligen Kundenwünschen. Je aufwendiger, desto mehr Arbeitszeit und desto teurer.

Wie ist das mit dem Leitfaden – empfinden Sie den als Einschränkung für die Kreativität? Oder eher nützlich?
Im Hinblick auf die Vorgaben der Narrenzunft ist der Leitfaden sehr nützlich. Alle Handwerker können die Vorgaben entsprechend umsetzen, damit die Kleidle bei der Abnahme problemlos ihre Plaketten erhalten.

Mit welchen Vorstellungen und Wünschen kommen die Kunden? Müssen Sie da manchmal Erwartungen dämpfen oder gar Ideen ablehnen? Zum Beispiel sind ja Kinder-Schantle verpönt – trotzdem laufen sie d'Stadt nab. Oder wird Ihnen völlig freie Hand gelassen?
Manche Kunden haben konkrete Vorstellungen, anderen kann ich mit meinem Fotoarchiv der von mir hergestellten Kleidle entsprechende Anregungen geben. Alternativ

habe ich freie Hand, Kleidle entsprechend dem Leitfaden der Narrenzunft zu kreieren. Nur selten muss ich Kundenwünsche im Hinblick auf den Leitfaden ablehnen bzw. modifizieren.

Wie sind Sie und Ihre Familie selbst mit der Fasnet verbunden?

An den hohen Rottweiler Feiertagen bin ich mit dem Göllsdorfer Musikverein am Sonntag beim Umzug; ich spiele Saxofon. Am Montag und Dienstag stehe ich selbstverständlich vor dem Gasthaus Rädle und schaue mir den Narrensprung an – da hole ich mir neue Ideen und Anregungen für künftige Narrenkleidle. Meine drei Kinder sind jeweils im Kleidle unterwegs, zudem spielt mein ältester Sohn an der Fasnet bei den Rottweiler Stadtmusikanten sowie der Tagwach-Kapelle die Trompete. Mein Gatte ist mit der Schmotzigen-Gruppe der „MännerStimmen" unterwegs und schaut sich den Narrensprung natürlich ebenfalls an.

Federahannes und Fransenkleid verlangen Geduld und Fingerspitzengefühl.

An Dreikönig darf auch der Rottweiler Esel ins Schädle.

„Ja, die Fasnet guckt ab dem
6. Januar in Rottweil aus allen Ecken“

DIE ROTTWEILER FASNET – HEUTE

FRANK HUBER

Blickt man auf die heutige Fasnet und die Traditionen, welche die Jahrhunderte überdauert oder sich neu entwickelt haben, so lässt sich zunächst einmal ganz profan festhalten, dass die Einteilung des Kalenders eines jeden Rottweilers nach wie vor wie zu Reichsstadtzeiten mit der Vorfasnetszeit beginnt. Die erste Phase dieser Vorfasnetszeit ist gemeinhin zwischen dem 26. Dezember und dem 5. Januar eines jeden Jahres zu verorten, denn immer am Dreikönigstag wird die schöne Rottweiler Fasnet wieder lebendig.

Wo erst noch weihnachtliche Stille herrschte, werden nun die ersten Juchzger laut und das Klingen der Glocken erfüllt die Stuben. Ja, die Fasnet guckt ab dem 6. Januar in Rottweil aus allen Ecken. Denn wenn Kaspar, Melchior und Balthasar durch Rottweil wandeln, und sie andernorts Diener, Geschenke und Kamele mit sich führen, gehören in der Narrenstadt noch die Abstauber zu ihrem Gefolge. Die schwarz befrackten Herren, die an diesem Tag von Haus

Mir zwoa kennet uns gut!

Handschuhe und viel Handwerkszeug braucht ein guter Abstauber.

zu Haus gehen, um Narrenkleid und Glocken vom Staub des vergangenen Jahres zu befreien, sind das äußere Zeichen des Erwachens der Fasnet. Während allerdings die drei Weisen aus dem Morgenland auf eine über 2000-jährige Geschichte zurückblicken können, findet sich der erste schriftliche Hinweis auf das Abstauben in Rottweil erst in einem Zeitungsbericht aus dem späten 19. Jahrhundert, in dem das Abstauben mit dem Zusatz nach altem Brauch bezeichnet wird.

Immerhin sind es also auch schon weit über 100 Jahre, in denen die Abstauber mit Sorgfalt und Bedacht als Fasnetsboten ihre Reinigungsarbeit vollrichten. Aber nicht nur reinlich, sondern auch aufmerksam müssen die Abstauber sein. Sie dürfen bei ihrer Arbeit die Kleinen nicht übergehen und die Alten nicht vergessen. Die kleinen Jungnarren sind voller Erwartungen und Freude, wenn die Abstauber kommen. Die Älteren hängen hingegen mit Liebe am Alten, und kindliche Freude leuchtet aus ihren

„Jetz horchet amol uf, ihr Rottweiler"

Gesichtern, wenn ihnen die Botschafter der Hygiene ihre lustige Aufmerksamkeit schenken. Entsprechend angespannt und zugleich ausgelassen fiebert eine ganze kleine Stadt auf dieses erste wichtige Vorfasnetsereignis hin. Gschell und Biss und Schantle haben ausgeschlafen und wollen aus ihren Schränken und Truhen heraus, in die sie ein ganzes langes Jahr verbannt waren. Darum trifft man sich, darüber redet man in diesen noch jungfräulichen Stunden des neuen Jahres. Man lässt die vergangene Fasnet wieder hochleben und beschwört die Ziele, die man sich für die kommende gesteckt hat. Und so verbreitet sich der Vorfasnetsvirus in rasender Geschwindigkeit in der ganzen Stadt. Plötzlich ist die fast schon naturgewaltige Lustigkeit wieder da, nachdem zwölf Tage zuvor noch eine besinnliche Ausgelassenheit die Menschen erfüllte. Zum ersten Mal hebt sich all das, was einmal das Reichsstädtische verkörperte, aus der Gruft der Vergangenheit und wird wieder lebendig. Die Fiebernden selbst

Die Tagwachkapelle in großer Besetzung

spüren, dass sie etwas vollziehen und sich an ihnen etwas vollzieht, das weit in die Vergangenheit greift, zugleich aber auch in die Zukunft hineinwirkt.

Den Startschuss zur Wiederbelebung der Fastnacht gibt immer der 1. Narrenmeister mit musikalischer Ummantelung durch die Tagwachkapelle. Nachdem sich pünktlich um 10.30 Uhr etwa 30 Abstauber entweder im Café Schädle oder einem anderen Lokal eingefunden haben, ergreift der Narrenmeister um 11.00 Uhr für etwa 10 Mi-

Im Rädle ...

oder dahoam!

AUSZUG AUS DER DREIKÖNIGSREDE DES 1. NARRENMEISTERS 2014

*„Ihr hond's gmerkt, Ihr Bürgersleut,
mir hond a' neue Fasnet's Zeit!
denn heut ganz genau in 56 Tag,
do duat's am Schwarza Tor da Schlag!*

*Acht Uhr schlägt es dann vom Turm,
jo, da Rescht isch bekannt beim Publikum
bis dort na, do sott älles g'richtet sei,
dass d'Narra kennet dann in's Kleidle nei!*

*Drum Ihr Abstauber schick i Euch jetzt aus,
gucket ganz genau in jedes Narra'haus,
nehmet' Euch für d'Arbeit Zeit, it blos a paar Minuta',
denn die Leut' die wellet mit de' Kleidle d'Stadt nab jucka!*

*Gucket ganz genau noch Schirm und Glocka,
und gucket, ob da Hausherr hot' jo koin hocka,
lasset Euch zeig'a es Kopfstück mit Fuchsschwanz d'ra,
denn ohne DEN s' Gschell und s'Biss it zum narra ka.*

*Beim Hannes, do sott da Gaas-Flügel g'richet sei,
sonscht lond' mir den in d'Sprung it nei!
Und prüfet genau, ob die Chefin vom Haus,
sieht genau so gut wie's Fransakleidle aus!*

*Ihr Rottweiler, jetz horchet amol uff,
die Abstauber sind heut' saugut d'ruff,
mit ihre Pinsel, - krumme – kloine – grade,
staubet die jetzt ab, von Bruscht bis zur Wade!*

*Die fahret in die hinterschte Ecka,
vor dene kennt Ihr koi Stäuble verstecka,
die findet Älles, so sind'se die Manna von da Zunft,
die handlet stets mit Umsicht und Vernunft!*

*Erlaubt isch dann au en' Sprudel zwischa'nei,
und wenn's sei muss, mol a Gläsle Wei!
Auch für Apfelschorle und Limonade,
ist sich ein Abstauber nicht zu schade!*

*Ihr Leut, schicket die Abstauber dann au wieder naus,
denn die sott'et schnell in's nägschte Haus,
wenn se' zu spät kommet, dann werret die Kerle verflucht,
weil mer d'Abstauber zwei Stund früher hot gebucht!*

*Ihr Abstauber, Ihr sottet gega' zehne rum im Epfel sei,
da Gegge freut sich, wenn dann no neipasst a Glas Wei,
kommet dann in Epfel recht luschtig und g'sund,
sell wünscht Euch da Narro Kugelrund!"*

365 Tage machen eine Menge Staub.

nuten das Wort. Mit oft gut gemeinten, aber selten einzuhaltenden Ratschlägen schickt er seine Botschafter der Reinlichkeit auf die Reise. Nur die Kleidle sollen bitte abgestaubt werden und für die Arbeit kein Lohn entgegengenommen werden. Schon gar keiner, der aus Naturalien besteht, hört man ihn oft mahnen. Aber wer wollte es den emsigen, staubverachtenden Männern übel nehmen, wenn sich ihre Besen nicht nur mit der ganzen ausgelegten Fasnetspracht bestehend aus Biss, Fransenkleidle und Schantle beschäftigen, sondern auch bei der hübschen Frau – oder noch hübscheren Tochter angenehme Arbeit finden. Und welcher Abstauber kontrolliert, ob in dem vom Hausherrn gereichten Glase zur Beseitigung des Staubes im Rachen fürwahr nur Wasser oder nicht auch noch ein Hauch von trockenem Riesling beigemischt wurde.

Durch das Abstauben erfährt somit die ganze Familie ihre fastnachtliche Reinkarnation. In dreizehn Zweier-,

Ordnung muss sein.

Auf dem Weg zum nächsten Haus: junge Kerle vor altem Gemäuer

Dreier- oder vereinzelt Vierergruppen verrichten die 30 Gefolgsmänner des Narrenmeisters in etwa 80 Narrenhäusern ihre Aufgabe bis spät in die Nacht. Wenn gegen 22.00 Uhr dann die ersten Abstaubergruppen im vereinbarten Rückkunftslokal eintreffen, ist zwar die Lunge der Abstauber häufig mit Staub belegt, dafür aber ist der Magen oft mit Hausmannskost gefüllt. Und auch einen dehydrierten Abstauber hat die Stadt bislang an diesem Tage um diese Uhrzeit noch nie gesehen.

Die zweite Phase der Vorfasnetszeit macht sich im Terminkalender meist dadurch bemerkbar, dass nun fast jedes Wochenende im Zeichen der Geselligkeit steht. Teilweise bieten Veranstaltungen der Narrenzunft eine Plattform dafür, teilweise ist es aber einfach auch der Freundeskreis, der unter dem Vorwand eines Kappenabends hier Leute zusammenbringt. Die Narrenzunft leistet ihren Beitrag in der Vorfasnetszeit durch eine Mischung aus Brauchtumsvermittlung und Spannungsaufbau.

Ob Aufsagekurs oder Kindernachmittag: Fasnet braucht Narrensamen

Fasnet 1987
JUNGHANS

Übung macht den Meister.

Als Beleg des Engagements der Narrenzunft in Sachen Brauchtumsvermittlung in diesen Wochen mag zum Beispiel der seit 2004 stattfindende Kindernachmittag gelten. Mit den Ausschussmitgliedern der Narrenzunft können Kinder an diesem Tag an verschiedenen „Stationen" das „richtige Narren" üben. Wie juckt der Federahannes, wie das Gschell und Fransenkleid? Auf all diese Fragen werden Antworten von älteren Narren geliefert. Außerdem können Kindernarrenkleider anprobiert und das Narrenbuchmalen ausprobiert werden. Und echte „Rösslemannen" zeigen alles, was es zum „Klepfen" braucht. Aber nicht nur das Narren und die Herkunft der Rottweiler Fasnetstradition steht am Kindernachmittag im Mittelpunkt, sondern auch vieles, das zur Fasnet einfach dazugehört, wird erklärt. In jüngster Vergangenheit ist deshalb auch die Jugendkapelle ein fester Bestandteil der Veranstaltung geworden. Für die Eltern gibt es währenddessen Kaffee und Kuchen, sodass sich die Kinder an jedem der angebotenen Aktionspunkte viel Zeit lassen können. Als Belohnung für die Teilnahme am Kindernachmittag werden unter den anwesenden Kindern bis 14 Jahren die zunfteigenen Kindernarrenkleider für Fasnetsmontag und Fasnetsdienstag verlost. Mit im Schnitt bis zu 200 Kindern, Eltern und/oder Großeltern hat sich diese Veranstaltung zu einer immens wichtigen Plattform zur Vermittlung von Rottweils Fasnetstradition an Kinder und Jugendliche entwickelt.

Organisiert wird von der Narrenzunft in der Vorfasnetszeit ferner seit 2010 ein Kurs für Kinder und Jugendliche zum Thema „Aufsagenlernen". Damit soll eines der zwei Hauptelemente der Rottweiler Fasnet verstärkt der Jugend vermittelt werden. Neben dem Narrentanz, der im Narrensprung fortlebt, ist es vor allem das Narrenspiel, welches man eben im „Aufsagen" wiedererkennen kann, das als Stärke der Rottweiler Fasnet gilt. Das Aufsagen nach dem Narrensprung, also Vorkommnisse der Stadtverwaltung oder kleine Missgeschicke bekannter Bürgersleute auf heitere Art und Weise aus einem Narrenbuch auf der Straße oder in Wirtschaften zu erzählen, ist der eigentliche Sinn der Narretei. Um dieses Brauchtum zu pflegen, hat die Narrenzunft für Jungnarren ab 13 Jahren eine eigene Veranstaltung konzipiert. Einerseits wird beim Aufsagekurs anspruchsvolles Wissen vermittelt, das altersgemäß aufbereitet ist, andererseits können die Kinder ihr Narrenbuch selbst anfertigen. Im Mittelpunkt des Mitmachprojektes steht die Frage nach den fürs Aufsagen geeigneten Geschichten. Aber auch wie man richtig aufsagt, wie man eine Geschichte zeichnerisch umsetzt oder auch wie man eine Handhebede macht, wird geklärt.

Die Mitglieder des Ausschusses der Narrenzunft besuchen zudem Kindergartengruppen und Klassengemeinschaften oder diese kommen in das Zunfthaus der Narrenzunft. Auch bei diesen Vorfasnetsterminen, bei denen pro Jahr über 400 Kinder zwischen fünf und zehn Jahren das Fasnetsbrauchtum erklärt bekommen, wird von den Ausschussmitgliedern auf jede Frage eine Antwort geliefert – auch auf so schwierige wie: „Warum fliegt der Narrenengel nicht?". Summa summarum verbringt jedes dritte Rottweiler Kind zwischen fünf und zehn Jahren mit der Narrenzunft in der Vorfasnetszeit einige fröhliche Stunden.

Ein Narrenbuch ist eben ein ganz besonderes Buch.

A alte Handhebede – so eine Sauerei

Die Erwachsenen können sich in der Vorfasnetszeit in Sachen Tradition ebenfalls einiges an Wissen aneignen. Seit 2014 bietet die Narrenzunft auch für dieses Alterssegment einen Kurs zum Aufsagenlernen an. Das Ziel der Veranstaltung liegt im Bekenntnis zur Originalität und Spontanität eines jeden Narren. Der Narr soll verstehen, dass es nicht die eine Art von Aufsagen gibt. Vielmehr sollen unterschiedlich Formen gezeigt werden. Drei Aufsagegruppen stehen dafür immer bereit und präsentieren den Teilnehmern ihre Art des Aufsagens. Dadurch soll der Einzelne Mut fassen, es auch einmal zu probieren.
Neben dem Aufzeigen des Facettenreichtums beim Aufsagen steht ferner die Betonung der schwäbischen Mundart im Mittelpunkt. Das Schwäbische als Kulturgut verkümmert in vielen Bereichen des Alltags zu einem Mauerblümchen. Die Narrenzunft will mit der Veranstaltung dem Narr auch die Relevanz des Dialekts verdeutlichen. Sprache ist ein Teil der Identität jedes Einzelnen. Durch die Art des Redens bekennt man sich zu seinem Geburtsort, zu seiner Familie. Das stiftet Verbundenheit und Geborgenheit. Wer zudem als Erwachsener die Heimat auf den Lippen trägt, bringt auch Kindern gegenüber zum Ausdruck, dass nicht nur das in der Schule gelernte Beamtendeutsch, sondern auch der Dialekt seinen Platz in der Gesellschaft hat. Für die Narrenzunft ist dieser Aspekt besonders wichtig, weil Fasnet und Brauchtum von Emotionen leben. Die Mundart ist DIE emotionale Plattform, auf der sich beides erst entwickeln kann.

Die Idee, das Aufsagen in einem Kurs zu vermitteln, ist übrigens nicht neu. Bereits auf der Generalversammlung der Narrenzunft Rottweil, am 16. Januar 1910, im Löwensaal, ergriff Bautechniker Merkt das Wort: Er beklagte, dass das Aufsagen leider nicht mehr so eifrig gepflegt werde wie früher und namentlich bei der jüngeren Generation manches zu wünschen übrig lasse. Merkt regte deshalb die Gründung von Aufsagekursen für die jungen Narren an. Schriftführer Herb erwiderte und betonte, dass die Narrenzunft seit ihrer Gründung mit Erfolg bei jeder Gelegenheit ihre Mitglieder dringend ermahne, beim Aufsagen Grobheiten oder Schlüpfrigkeiten unbedingt zu vermeiden. Ferner werde die Narrenzunft auch weiterhin etwaigen Auswüchsen nachdrücklich entgegentreten. Aufgrund von Personalknappheit kam ein Kurs allerdings nicht zustande. Über hundert Jahre später ging dieser wohl mit Verve vorgetragene Wunsch von Merkt dann doch noch in Erfüllung.
Unabhängig von den durch die Narrenzunft organisierten Veranstaltungen nutzt so manche närrische Gemeinschaft die Vorfastnetszeit, um den fastnachtlichen Spannungsbogen langsam aufzubauen. So treffen sich die erwachsenen Rösslebesatzungen zu ihren Klepferabenden, um den Bewegungsapparat für die bevorstehenden Strapazen zu trainieren. Ihre Vorfasnachtsstammtische werden wiedererweckt und von Kappenabenden gekrönt. Die Schmotzigengruppen finden wöchentlich wieder den Weg ins Gasthaus

„Rädle", um über dies und das und vor allem jenes zu reden: Hauptsache, es dreht sich um die Fasnet. Auch hier läutet ein Kappenabend die heiße Phase der Fasnet ein. Aufsagegruppen treffen sich, um die Geschehnisse des letzten Jahres zusammenzutragen, die Obrigkeit, Verwaltung oder städtischer Prominenz passiert sind und die es lohnt, mit Humor unters Volk zu bringen. Und der zweite Narrenverein der Stadt, die für die Saalfasnet verantwortliche Narrhalla, macht sich in dieser Zeit Gedanken über die bevorstehende Saalschmückung bzw. beginnt mit den für den Scherzabend notwendigen Proben. In der Vorfasnetszeit ist ferner auch die Stadtkapelle aktiv. Sie stimmt Bewohner, egal ob jung oder alt, mit dem traditionellen Fasnetskonzert musikalisch auf die nun nahenden Tage ein. Hierbei zeigen die Verantwortlichen nicht nur jedes Jahr aufs Neue bei der Zusammenstellung der Musikstücke ein feines Händchen, sondern auch ihre besondere Klasse bei der Darbietung derselben.

Kurz vor der Fasnet stehen dann wieder die Jungnarren im Mittelpunkt. Neun Tage vor dem fasnetsmontaglichen Achtuhrschlag findet vom Kinder- und Jugendreferat Rottweil in Kooperation mit der Narrenzunft Rottweil und der Schuhmacherwerkstatt. Auch ein Klepferwettbewerb für Kinder- und Jugendliche zwischen sechs und fünfzehn Jahren statt. In der Oberen Hauptstraße vor dem Alten Rathaus zeigen die „Klepfer" der Jury und dem zahlreichen Publikum ihr Können. Bewertungskriterien für die Juroren sind hierbei nicht nur die Lautstärke, die mittels Messgerät erfasst wird, sondern auch Präzision und Athletik. Um diese zu ermitteln, wird auf einer etwa schulterhohen Pylone ein Gänseflügel angebunden. Diesen gilt es nach bewährter Manier mit der Peitsche zu treffen, ohne ihn aber von der Pylone zu schlagen. Für diesen einen Moment trainieren die Jungnarren bereits ab dem Dreikönigstag. In fast jeder Gasse und auf der Hauptstraße stehen Buben und Mädchen einander gegenüber und versuchen sich gegenseitig Tipps für eine bessere Technik zu geben.

Stolzer Klepfer-Nachwuchs

KARL-HEINZ AUCH

Schuhmachermeister in Rottweil, stellt für die Rössletreiber und den Klepfer-Nachwuchs die „Goaßla" her

„Als echter Handwerker fühle ich mich den Traditionen der Rottweiler Fasnet verbunden"

Der „Handwerker aus Leidenschaft" versucht jeden kleinen und großen Narren zufriedenzustellen. Denn auch für ihn gilt: „Jedem zur Freud und niemand zum Leid!" So stellt er für die Rössletreiber und den Klepfer-Nachwuchs die „Goaßla" her und organisiert gemeinsam mit dem Kinder- und Jugendreferat der Stadt Rottweil und der Narrenzunft Rottweil den vielbeachteten alljährlichen Klepfer-Wettbewerb in der oberen Hauptstraße.

Das Goaßl-Sortiment:

- *Komplette Goaßla*
- *Genähte und geflochtene Schlingen in allen Größen und Ausfertigungen*
- *Stöcke von 70 bis 130 cm*
- *11 Sorten Zwick.*

Herr Auch, stehen Sie als Fasnetshandwerker in einer Familientradition?

Ja, denn die traditionelle Herstellung und Ausstattung der Rottweiler Goaßl wird seit vielen Jahren von Handwerkergeneration zu Handwerkergeneration weitergegeben.

Was genau ist eine „Goaßl" – und warum heißt die so?

Eine Rottweiler „Goaßl" (hochdeutsch: Geißel oder Peitsche) besteht aus einem gedrehten Stock aus Weidenholz sowie der Schlinge – einem geflochtenen oder genähten Lederriemen – und dem sogenannten Zwick, eine Schnur aus geflochtenem Garn. Die Goaßla werden in reiner Handarbeit gefertigt, wobei die verschiedenen Arten des Zwick auf einer beinahe historischen Flechtmaschine entstehen.

Benner Rössles Gansflügel muss fest sitzen.

Und wofür braucht es die?
Das widerspenstige und eigensinnige „Rössle", eine Rottweiler Narrenfigur, wird von zwei „Treibern" mithilfe ihrer Goaßl und lautem „Klepfen" (Peitschenknallen) angetrieben.

In den ersten Monaten des Jahres fällt vornehmlich in der Hauptstraße ein durchdringendes Knallen auf. Was passiert denn da?
Die Rottweiler Kinder trainieren in der Zeit ab dem 6. Januar bis zur Fasnet mit ihrer Goaßl.

Warum ist das für die Rottweiler Buben so wichtig?
Irgendwann will gern jeder Rottweiler Junge zu den „Rössle-Mannen" gehören und sein Können als Treiber beweisen!

Herr Auch, was ist Ihr Markenzeichen in der Rottweiler Fasnet?
Ein glückseliges Lächeln im Gesicht!

Arbeit an den Lederriemen

Goaßl aller Art beim Schuhmacher in der Bruderschaftsgasse

ZITAT AUS DEM NARRENBLÄTTLE 2014

Er ka gar it anders, er wird unser Turm

NARRWEIL (nb). Er kommt und kommt. – Endlich haben wir Narrweiler wieder Perspektiven und Visionen. Raus aus der musealen Puppenstube ist angesagt. War aber auch Zeit. Egal – jetzt, jetzt kriegen wir Stadtleit unseren Turm aufs Berner Feld. Einen Hochturm hatten wir ja schon. Aber nun ist schlicht und ergreifend ein Höchstturm angesagt. Jawoll!!!

Da werden die gscheiten Zirnmerner, die Schwenninger sowieso und erst die Villinger sich nur so die Glotzbeppel reiben, bis er vollends steht. Ja, sogar die Stuegerter Früchtle werden gleich scharenweis kommen, müssen kommen, ob es ihnen passt oder nicht. Keine Frage: Mit dem Narrweiler Riesen-Turm werden die Zeiten äweil glanzvoller. Vielleicht au a weng deurer. Aber dös hot sich no immer beim Bügla geaba.

Ist doch klar: An Narrweils Riesen-Turm wird auch vor und nach unseren höchsten Feierdäg mit einem mords Affenzahn geschafft. Bei der Planung ist auf ausdrücklichen Wunsch mehrerer Stadträte soeben begonnen worden, nicht nur eine Tourismus-Plattform auf der Turmspitze zu entwickeln. Oh nein, auch eine Wetter-Station und vor allem eine Vogelwarte soll's geben. Recht so. Unsere Dulaxe sollen halt auch was haben von dem Segen.

Schnuggelig wird sell Türmle, so ebbes von schnuggelig …

Und damit der Mega-Turm au so richtig schnuggelig wird, werden in das umgebende, filigran-subtile Flechtwerk aus Stahl von unten bis oben Hunderte und Aberhunderte Blumenkästen gehängt. „Lasst Blumen sprechen", heißt die Devise. Und der Duft von äll deane Dag- und Nachtveigele und Gänsblüemle wird dann herüberziehen wie ein blaues Band im Frühling – über den Seehof, den Höllenstein und die Kläranlage zum Alten Gottsacker, dass den Dortigen so richtig mariamagdalenisch wird. Des hond sie no davo, die halssterrige Kerle, die halssterrige.

…

Mit dem Klepferwettbewerb nehmen die Veranstaltungen in der Vorfasnetszeit und die Vorfasnetszeit selber ihr Ende. Im Kalender notiert der eingefleischte Rottweiler die restlichen Tage bis zum Fasnetsdienstag schon mit Fasnet. Denn eine Woche vor Fasnet trifft häufig schon der erste Besuch aus dem Rest der Republik ein. Aufgrund der Vorbereitungen, die es in Sachen Essen und Trinken zu treffen gilt, hat man schon gar keine Zeit mehr, etwas anderes zu tun, als zu kochen und Getränkekisten in den Keller zu tragen.

Am Schmotzigen dann beginnt definitiv eine andere Zeitrechnung. Der Zauber der Fasnacht bricht sich nun seine Bahn. Die normalerweise zum Frühstück gelesene Tageszeitung bleibt am Schmotzigen links liegen. Stattdessen wirft der echte Rottweiler einen ersten Blick ins Narrenblättle, welches als Beilage zur Tageszeitung erscheint. Das erstmalig 1892 aufgelegte Scherzblatt bringt mit offenem, aber auch doppelbödigem Humor, vor dem keiner sicher sein kann, erzählenswerte Geschehnisse aus der Narrenzunft, der städtischen Verwaltung sowie der lokalen Stadtprominenz unter die Leute.

Während Rottweils närrisches Establishment also um diese morgendliche Stunde bereits das erste Mal herzhaft lacht und sich auf die

Schenkel klopft, kämpfen die Jüngeren noch mit den Widrigkeiten des schulischen Alltags. Gewartet wird schließlich darauf, dass die Schulorchester die notleidenden Schüler der höherführenden Schulen von ihrem Leiden erlösen. Mit den schulbefreiten Jungbildungsbürgern im Schlepptau, den Narrenmarsch musizierend, ziehen Musikkapellen und Anhang dann in die Innenstadt. In bunten individuellen Kostümen oder im Kollektiv der Klassengemeinschaften verkleidet, treffen sich in der oberen Hauptstraße die, die dort sein wollen und die dort eigentlich nie sein wollten, jetzt aber doch dort sind. Verglichen mit dem Durchschnittsalter der Wochenmarktbesucher, die normalerweise an Samstagen in der oberen Hauptstraße flanieren, sinkt dieses am Morgen des Schmotzigen Donnerstag um beachtliche 50 Jahre. Auch wenn die Fasnet in diesen frühen Stunden durch die Jugend eine alles andere als reichsstädtische Deutung erfährt, fungiert sie in diesem Zeitfenster doch als eine Art ideologische Klammer. Eine Klammer, in der zwar bis zu einem gewissen Ausmaß die Selbstdarstellung eine Rolle spielt, bei der allerdings häufig das Individuelle zugunsten einer Identifikation mit dem Kollektiv in den Hintergrund rückt. Den Jugendlichen ein Identifikationsangebot zu unterbreiten, mit dem sie Zugehörigkeit erfahren

Nicht für die Schule, sondern fürs Leben!

Am Schmotzige wird die obere Hauptstraße leabig.

Da werden Erinnerungen wach.

und somit ein Wir-Gefühl ausbilden können, ist ein nicht zu unterschätzender Beitrag, den die Rottweiler Fasnet auch für die Jugendlichen leistet.

Noch während sich die Heranwachsenden in der Fußgängerzone tummeln, zeigt sich dann gegen 15 Uhr die Fastnacht von einer ganz anderen Seite. Um diese Uhrzeit macht sich nämlich die Vorstandschaft der Narrenzunft samt einigen Ausschussmitgliedern auf den Weg in die Seniorenheime St. Elisabeth und Spital. Kurz nach 15 Uhr eröffnen dann die Repräsentanten der Narrenzunft die dort stattfindende Seniorenfasnet mit dem Narrenmarsch und einem kleinen Narrensprung, bei dem zehn bis fünfzehn Kinder mitmachen dürfen. Während die einen soeben der Kindheit entschlüpft freudig ihr Leben in der oberen Hauptstraße feiern, empfinden die anderen in den Seniorenheimen eine gewisse Traurigkeit über den Verlust derselben. Während da die einen Jugendlichkeit und Körperkultur zur Schau tragen, sind es dort oft Tränen und die Erinnerungskultur, mit denen sich die Mannen der Zunft konfrontiert sehen. Damit der Schmotzige aber nicht nur ganz persönliche Erinnerungen unter den Senioren weckt, sondern an diesem Tag auch ein Bewusstsein von Gemeinschaft vermittelt wird, ist die Narrenzunft jedes Jahr in den Seniorenheimen präsent. Klassen- oder Altersgegensätze verlieren in diesen zwei Stunden während der Seniorenfasnet völlig ihre Bedeutung. Die Fasnet zeigt sich hier als ein zeitloses Ereignis, das Jedem Heimstatt und das Gefühl bietet, Teil eines größeren Gesamten zu sein. Die Währung, mit der die Heimbewohner diese Teilhabe entlohnen, ist dabei wertvoller als so manch Gepränge dieser Welt. Bezahlt wird nämlich mit schönsten Erinnerungen aus längst vergangenen Tagen.

Drei Stunden später zeigt die Fastnacht in Rottweil dann nochmals ein anderes Gesicht. Jetzt bilden die traditionsreichen Lokale in Rottweils Innenstadt die Plattform für die zum Teil fernsehreifen Auftritte der Schmotzigengruppen. Die ziehen durch die Lokale und nehmen nun das Stadtgeschehen und die Obrigkeit in Gesangs- oder Reimform aufs Korn. Egal ob „Ritterspitz", „Fauler Zauber", „Nahtlos", „Helden-Schurken-Narren" oder „Psscht" – egal wie diese drei bis acht Personen umfassenden, fantasievollen und bunt gemischten Gruppierungen auch heißen, alle haben sie nur ein Ziel: nämlich Untaten und Missgeschicke von lokalen Größen oder der Stadtverwaltung auf humorvolle Weise anzuprangern. Dabei kann ein Auftritt schon mal eine halbe Stunde dauern. Da zudem jede Gruppe acht bis zehn einschlägige,

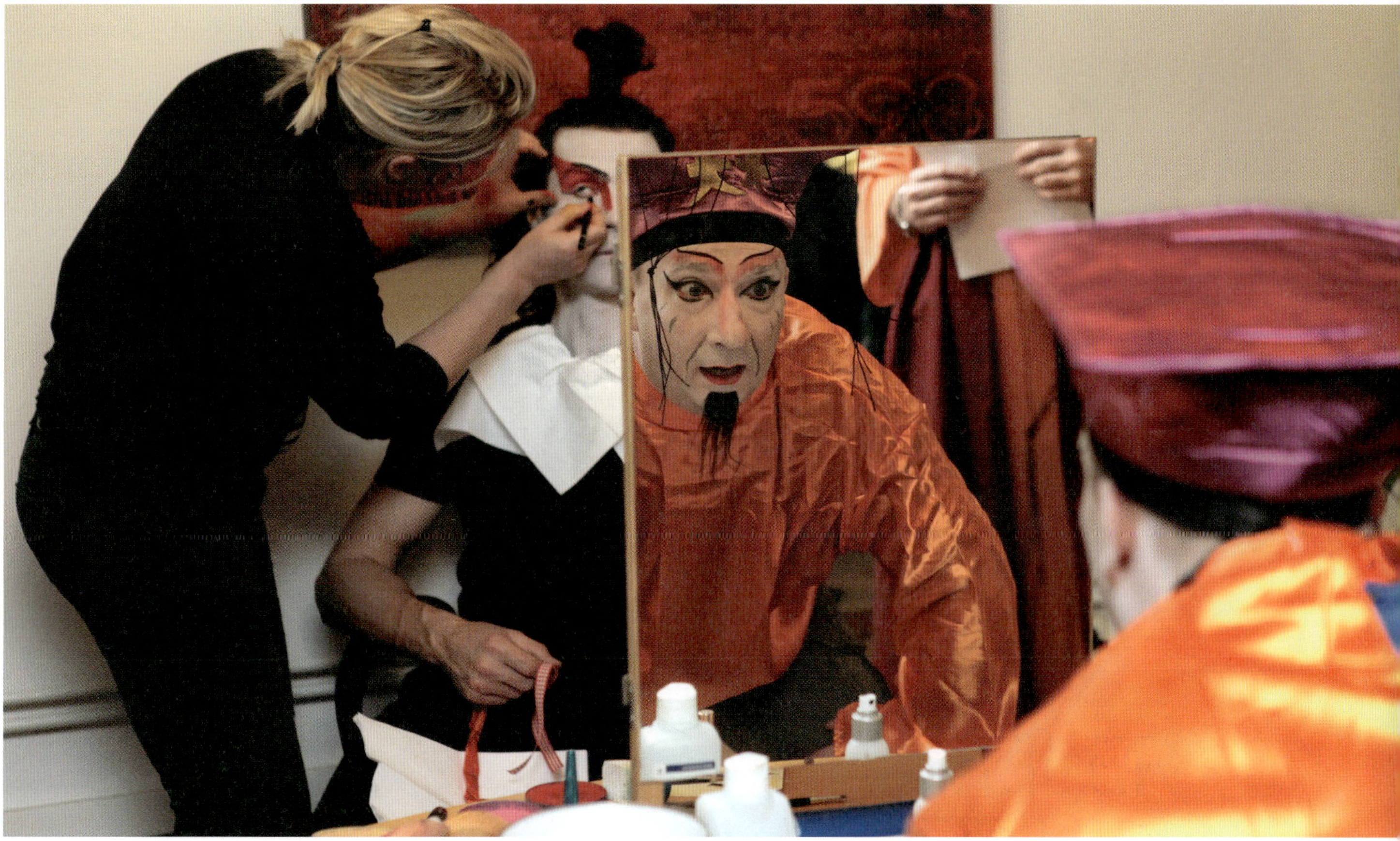

Sitzt alles nahtlos?

meist brechend volle Lokale besucht, wird die Nacht auf Freitag häufig zum Tag gemacht. Nicht selten geht deshalb der eine oder andere direkt aus dem Schmotzigenlokal zum Bäcker, um mit frischen Wecken im Gepäck nach Hause zum Frühstück zu wanken, bevor ihn dort dann die Kraft verlässt und Sofa oder Bett ihren Dienst tun müssen. Dies gilt aber nur für die Lokalbesucher. Die teilweise noch vitalen Hauptdarsteller des Abends treffen sich am Freitag in der Früh traditionell beim Oberbürgermeister der Stadt im Büro, um dort bei frischen Brezeln und einem letzten Glas Schorle die lustigsten Textpassagen der Auftritte nochmals zu vertiefen.

Fast schon stündlich jagt die Rottweiler Fastnacht nunmehr in einer anderen Form ums Eck. Am Fasnetssamstag um 14 Uhr stehen dabei wieder die Jungnarren im Fokus. Im Café Schädle erhalten Kinder und Jugendliche unter 14 Jahren durch vorzeigen ihrer Mitgliedskarte einen Berliner vom Geschäftsinhaber gratis, und von der Narrenzunft gibt es obendrein noch einen Gutschein für eine heiße Wurst am Kinderumzug am Fasnetssonntag. 18 Stunden, bevor dann mit dem Kinderumzug am Fasnetssonntag ein weiterer fastnachtlicher Leckerbissen auf dem Programm steht, zeigt die Narrhalla, Rottweils ältester Fasnetsverein, ihr Programm. Das Steckenpferd dieser fastnachtlichen Vereinigung ist seit 1888 die Saalfastnacht, bei der Rottweiler für Rottweiler ein sehr humorvolles und vor Ideenreichtum geradezu sprühendes Programm anbieten. Löschen die letzten, versprengten Narrhallesen dann frühmorgens am Sonntag das Licht im bunt geschmückten Kapuzinersaal, bleibt den Organisatoren der Rottweiler Saalfastnacht zumeist nur noch

Schmotzigengruppen im Grimm …

und im Schädle

Richtig gut drauf – der Nachwuchs bei der Narhalla

Zeit für einen schnellen Hüpfer unter die Dusche, bevor die Narrenzunft Rottweil wieder die Fasnetszügel in die Hand nimmt.

War gerade noch das Jetzt so lebendig, muss das Heute, wenn es am Fastnachtssonntag auf 10 Uhr zugeht, dem Charme des reichstädtischen Gestern weichen. Urplötzlich tummeln sich Reiter, Landsknechte und Herold in Kostümen aus gestrigen Tagen in den engen Gassen, um sich zum vereinbarten Termin im Gasthaus „Rössle" zu treffen. Mit lanzenbestückten Ordnern, Ausschellern, Tagwachkapelle, Glanz, Gloria und Gepränge bahnt sich eine Gruppe von 80 Personen ihren Weg durch eine Menschenmenge vom Schwarzen Tor bis zum Rathaus. Mit dem Ende des Gottesdienstes und der Narrenpredigt im Heilig-Kreuz-Münster betreten die historisch rausgeputzten Fastnachter dann das Podium vor dem Rathaus. Dort steht auch schon unaufgefordert wie seit ehedem der oberste Repräsentant der städtischen Macht – der Oberbürgermeister. Ihm kommt in dieser schwierigen Stunde kurz vor dem Mittagsgeläut die Aufgabe zu, seine Verantwortlichkeiten für 60 Stunden an die Protagonisten des närrischen Brauchtums abzugeben.

Oberelfer Stefan Drobny mit Uli Hezinger

Auf der Narhalla-Bühne kann fast jeder sein Fett wegkriegen.

So viel Temperament in der ältesten Stadt Baden-Württembergs!

Pfarrer Jürgen Rieger

AUSZUG AUS DER NARRENPREDIGT IM MÜNSTER HEILIG-KREUZ AM 2. MÄRZ 2014

Einzug der evangelischen Pfarrerin Esther Kuhn-Luz in die Kaplanei:

„Mit Bohrern und Dübeln wohl bei der Nacht,
hat sie aus Glas ein Schild angebracht –
Evangelische Landeskirche Württemberg – Pfarramt West,
als ich es gseh hab, gabs mir de Rescht.
Demnächst prangt auf der anderen Seite
– ein neues Schild – es ist größer und breiter.
Es steht drauf geschrieben – ich sag es frei raus,
die Kaplanei bleibt e katholisches Haus ...
Nehmt mir es bitte ab,
dass ich nix gege die Wiaschtgläubige hab.
Und weil das Outing grad modern isch,
kann ich jo saga, mei Vater war au evangelisch."

Zum geplanten neuen Turm in Rottweil:

„Doch Gott sah die Pläne und ihr Treiben,
so hoch darf der Turm nicht bleiben.
ER stieg herab von seinem Thron,
sah auf Rottweil und die Region.
Es war nicht so wie bei Noahs Arche, nein, er verwirrte ihre Sprache ....
tut ihr in Rottweil den Turm hinsetze,
müant ihr zur Strof dann Badisch schwätza."
...

Im Zuge dieser symbolischen Machtübernahme verkündet dann auch gleich der Herold der Narrenzunft Rottweil, welche einschneidenden Veränderungen die neue 60 Stunden dauernde Regierung in Angriff nehmen möchte. 2013 klärte der Herold die Rottweiler Bürgerschaft zum Beispiel auf, dass
„Dia nei Obrigkeit beschlossen hot, dass erschtens ab morga (also Fasnetsmontag, Anmerkung der Autoren) aus Rottweils Brunna bloß no Schorle weißsauer fließa soll. A Ausnahm isch da Aposchtelbrunna. Im Tschambo z`lieb wird do Weizenbier rausspritza. Zweitens soll jeda Woch oi mal am Dag vor em Samschtig da Hagelflieger vu Schwenniga schtarta und über Rottweil Linsen mit selbergmachte Schpätzle versprüa. In Zukunft brauchet ihr Rottweiler Bürgersleut also freitags bloß no d`Leffel aus em Fenschter heba und scho hond ihr a warme Mahlzeit."
Tolle Zeiten also, die damals ausgerufen wurden. Eine Regierung mit Kompetenz und Augenmaß: Schade, dass eine solche nicht 365 Tage im Jahr den Lauf der Dinge bestimmt.

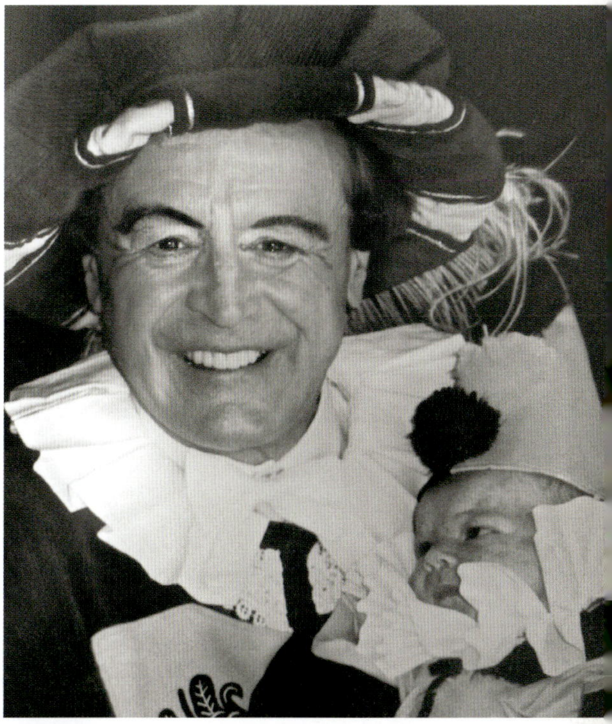
Wilu Kirsner (†2014)

In entspannter Hektik verkünden anschließend zwei Ausscheller die freudige Botschaft des Herolds in fast allen Lokalen der Rottweiler Kernstadt sowie an bestimmten Plätzen in den vier Stadtteilen. Mit ihren Kostümen, die der Amtstracht der letzten reichsstädtischen Ausrufer nachempfunden sind, ist ihnen die Aufmerksamkeit für die frohe Kunde gewiss. Allerdings nur für 150 Minuten.

Wie der Vater, so der Sohn: Marius Kirsner (links) bei der Proklamation 2014

Kopf an Kopf stond d'Leit, potz dunder!

„BEKANNTMACHUNG!

Aus obrigkeitlichem Auftrag der alten Reichs- und Narrenstadt Rottweil tu i kund und z'wisse, dass heut mittag um drei dia Fasnet ihren Anfang nimmt! Dia beide große Narresprüng findet jetzo wie vor Urzeiten am Mentig- und am Dienstigmorge Punkt um achti statt. Dia Stubehocker und dia, wo hinterem Ofe hocket und Trübsinn bloset, hond dritthalbhundert schloflose Nächt und verschiedeni ugsundi Krankheite zu gewärtige.

Drum uff, ihr Leut, und sind au gscheit, und narret, wenn es z'narre geit! Hu hu hu."

G'schlagene zwölf Stunden unterwegs: die Ausscheller in Reichsstadttracht

Nachdem die Stadt ja nun nicht mehr symbolisch, sondern tatsächlich in der Hand der Narrenzunft ist, stellt die neue Regentschaft gleich ihre besonderen Fähigkeiten unter Beweis und stimmt die Rottweiler mit dem Kinderumzug um 14.30 Uhr auf die neuen Zeiten ein, die vor ein paar Stunden angebrochen sind. Was nun folgt, ist ein bombastisches Farbenspiel, bei dem etwa 2.000 Bajasse, Clowns, Matrosen, Prinzessinnen und Indianer über 8.000 Zuschauer, die am Straßenrand zusehen, in ihren Bann ziehen. Bis spätestens 18 Uhr sind die bunt geschminkten kleinen „Großen" und großen „Kleinen" in der Kernstadt unterwegs. Dann schlüpft die Fastnacht völlig unvermittelt in eine andere Rolle. Aus dem Öffentlichen wird nun etwas Privates, Heimeliges, ja fast Intimes. Nach dem Abschminken und einem gemeinsamen Abendessen treffen die Narren zu Hause ihre letzten Vorbereitungen für den ganz großen Tag. Ist das Narrenhemd gebügelt? Sind die schwarzen Schuhe auf Hochglanz gewienert? Liegt die Schnupfdose parat? Immer und immer wieder wird alles überprüft, bis dann mit einem nervösen Kribbeln im Bauch jeder die letzten Stunden der Anspannung mit einem unruhigen Schlaf zu überbrücken versucht.

So sche wia seller Bajass isch der Rapp no lang!

… und wenn sie verbrennen – dafür kann ich nichts.

Heute ist die Welt Schwarz-Gelb.

Kinderrössle

Musikkapelle Zimmern

Bajasse mit Bollerwagen

... noch ein Bajass

Und noch mehr Bajasse!

NARRENBREVIER

Über der Rottweiler Fasnet steht das Motto „Jedem zur Freud' und niemand zum Leid!". Jeder Narr weiß das, und für jeden ist es selbstverständlich, diesen Grundsatz zu beherzigen.
Als verantwortliche Veranstalterin des „Narrensprungs" besitzt die Rottweiler Narrenzunft das Recht, alle Narren, die nicht den Teilnahmebedingungen entsprechen oder sich nicht in den traditionellen Rahmen der Fasnet einfügen, vom „Narrensprung" auszuschließen. Sie möchte von diesem Recht möglichst keinen Gebrauch machen und die Narrenfreiheit so lebendig wie möglich erhalten. Um allen Narren verbindliche Richtlinien für die kommenden Fasnetstage an die Hand zu geben, stellt die Rottweiler Narrenzunft ein kleines „Narrenbrevier" zusammen, in dem zu lesen ist ... dass

- *zu jedem Narrenkleid ein weißes Hemd, ein weißer Querbinder und weiße Handschuhe gehören, nur der Federahannes trägt einen schwarzen Binder. Unabdingbar gehören zu jedem Narr einfache schwarze Schuhe mit hohem Schaft, wobei darauf geachtet werden muss, dass die Sohlen und die Form des Schuhes keinen modischen Linien folgen ...*
- *die Hosen von Biss, Gschell und Fransenkleid unter dem Knie gebunden werden und die Foulards dort angebracht werden, wo sich die Glockengurte auf der Brust kreuzen, die Foulards selbst, werden über dem Kittel getragen ...*
- *Biss und Gschell mit nur vier Glockenriemen nicht „narren" dürfen ...*
- *jeder Narr seine Haube unter dem Kinn nicht schließt, sondern offen trägt ...*
- *alle Narren ihren Weg zu den „Narrensprüngen" durch die Seitenstraßen nehmen müssen ...*
- *in den Sammellokalen ab 6.30 Uhr oberhalb des Schwarzen Tors jeder Narr seine Narrenkarte persönlich bis 8.15 Uhr abstempeln lassen muss und dass er in diesen Lokalen auch seinen Sprungbändel erhält ...*
- *jeder Narr eine Mitgliedskarte der Narrenzunft Rottweil erwerben muss ...*
- *während des „Narrensprungs" der Narr auch dann „jucken" soll, wenn er gerade keine Musik hört, das hält den Narrensprung „leabig" ...*
- *Rottweils Narrenruf „Hu-Hu-Hu" lautet und nicht „Ju-hu-hu" oder „Hü-hü-hü" ...*
- *während des „Narrensprungs" das „Narrenbuch" nicht schon aufgeschlagen und „aufgesagt" wird ...*
- *der Narr keine Orangen auswerfen soll, Brezeln oder Berliner erfüllen den gleichen Zweck ...*
- *Schnapsflaschen egal in welcher Größe und mit welchem Volumenprozent nicht in den Korb oder in die Schnupfdose des Rottweiler Narren gehören ...*
- *der Federahannes an seiner Stange nicht posiert wie eine Hexe und dass er auch keine Hüte oder Mützen spazieren trägt. Die Unsitte des „Nasenbohren" gehört ebenfalls nicht zum Federahannes ...*
- *auch Federahannes „aufsagen" sollen ...*
- *es für jeden Narr selbstverständlich sein muss, bis zur Auflösung des „Narrensprungs" mit geschlossener Larve auf dem Friedrichsplatz zu bleiben ...*
- *sich der Narr im Wirtshaus nicht von Teilen seines Narrenkleides entledigt (Kopfstück, Glocken, Kittel) und auch wieder auf die Straße gehen soll ...*
- *die Narrenreime „Narro kugelrund", „Narro sieba Sih" und „O jerum" ...! auf der Straße mit den Kindern gesungen, ein wichtiges Stück Alt-Rottweiler Fasnetsstimmung ausmacht ...*
- *zum „Aufsagen" nicht unbedingt ein Narrenbuch gehört, sondern dass man auch aus dem Stegreif „aufsagen" kann ...*
- *ein rechter Narr auf der Straße oder wenn er im Wirtshaus „aufgesagt" hat, seine Larve nicht lüftet und auch wenn er in den Gässle unterwegs ist, unerkannt bleiben will ...*
- *die „Narrenwurst" dazu dient, diejenige Person, der „aufgesagt" werden soll, mit einem leichten Schlag auf die Schulter in den Bann des Narren zu ziehen, nur ein schlechter Narr winkt und fuchtelt mit der „Narrenwurst", er hat diese am Handgelenk hängen und die entsprechende Hand in der Hosentasche ...*
- *sich kein Narr beim „Aufsagen" schüttelt wie ein nasser Hund ...*
- *mit dem Betzeitläuten (18 Uhr) ein schöner Fasnetstag zu Ende ist und jeder Narr nach Hause gehen muss, um sein Narrenkleid auszuziehen*

und dass bei Fragen zur Fasnet die Narrenzunft Rottweil gerne Auskunft gibt.

Warmer Empfang in der Jonhannsergasse

Von diesem unruhigen Hin- und Herwälzen im Bett wird der Narr in der Kernstadt aber schon bald erlöst. Der Fastnachtsmontag beginnt nämlich für die in der Kernstadt Wohnenden bereits recht früh. Seit 1963, dem Gründungsjahr der Tagwachkapelle, treffen sich die Mitglieder dieser Musikergemeinschaft in oft noch sternenklarer, winterlicher Nacht um 4 Uhr am Schwarzen Tor, um durch die noch menschenleeren Straßen und Gassen der Innenstadt zu marschieren und die Bürgersleute mit Narren- und Altjägermarsch musikalisch wach zu küssen. Begleitet werden die närrischen Wallfahrer vom „Langen Mann", der aufgrund seiner stattlichen Größe in die eine oder andere bereits beleuchtete Stube schaut.

Die Bekleidung der Frühaufstehfanatiker besteht aus schwarzen Schuhen, einer schwarzen Hose, dem blauen Baurekittel, dem roten Halstuch und dem Dachauer. Wer es als Musiker übrigens am Fastnachtsmontag in der kalten Frühe nicht bis 4 Uhr zum vereinbarten Treffpunkt der Tagwachkapelle schafft oder unentschuldigt fehlt, kann sich der Häme seiner Mitmusikanten über die ganze Fastnacht sicher sein. Ferner greifen ihm seine Mitstreiter zu allem Überfluss noch schamlos ins Portemonnaie.

Früher am Morgen spielt niemand den Narrenmarsch

... als die Tagwachkapelle: Auch in der Hochturmgasse wartet man auf sie.

Rödel

RIEDE

Auf diesen Montag!

Grad so passt der Lange Mann durchs Schwarze Tor.

Dort warten die ersten schon

... aber ungefrühstückt geht's nicht.

Zum jährlichen Sommerfest der Tagwachkapelle darf der Unpässliche dann noch ein Fass Gerstensaft spenden. Wenn die Tagwachkapelle im Schutze des Morgens ihre Wegstrecke durch die Winkel der kleinen Stadt hinter sich gebracht hat, schlendern auch schon die ersten Zuschauer auf die Hauptstraße. Von den Narren ist indes um diese Zeit noch nichts zu sehen. Vielmehr regiert eine feierliche Stille, die häufig durch Schneefall gedämpft noch erhabener wirkt.

Die in der Kälte wartende Menge ist deshalb für Klänge besonders empfänglich. Zu hören bekommt das geschärfte Gehör zunächst vor allem das Raunen der Zuschauer. Je weiter sich aber die Zeiger der Uhr am Schwarzen Tor auf acht Uhr zu bewegen, umso stärker wird diese Geräuschkulisse vom Klingen der Glocken von Fransenkleidle und Biss übertönt.

OTTO RAPP

Glockenmacher
geb. 1927 in Rottweil, gelernter Heizungsmonteur, der älteste von acht bei der Zunft gemeldeten Narrenglockenmachern

„Man schickt die Leut' halt zum Rapp"
(Arnold Riedlinger)

Herr Rapp, haben Sie auch so ein Emblem wie der Arnold Riedlinger?
Ha ja, doch – das „R"! Das ist für uns beide.

Ihr Leitspruch ist: „Für d'Fasnet ist das Beste grad gut g'nug"...
Ja klar. Aber handgearbeitete Qualität wollen viele nicht mehr bezahlen.
Die Halbschalen für die Glocken sind aus Tiefziehstahl, 1,1 oder 1,2 mm dick. Das ist das Einzige, was ich fertig geliefert bekomme. Dann wird jeder Millimeter Material verdichtet: so wird's abgehämmert, auf dem „Stöckle" aus Metall, eine Viertelstunde vielleicht. Aber dafür muss man geübt sein und gute Augen haben. Das gibt einen schöneren Klang, und es ist fürs Auge. Aber länger als eine halbe Stunde mach' ich das nicht mehr, ich hab die Kraft nicht mehr. „Ich werd' 87, und das ist so gemein – ich fühl mich noch so jung!" Dann werden die Halbkugeln mit Kelchnaht zusammengefügt und mit Messing gelötet, nicht geschweißt. Und da ist nix geschliffen! Mein Markenzeichen ... das hab ich als Qualitätsstandard eingeführt. Die Glocken leben ewig.
Die Bimmeln innen klopft mir unter anderem der Schlosser Bantle von Herrenzimmern, da braucht man einen Amboss; die kleinen mache ich selbst. Ich erhitze sie glühend, dann lege ich sie in einen Ringhalter auf eine Eisenplatte. Das klingt ganz anders. Die Glocken werden dann bei 780 Grad erhitzt, abgeschreckt und geschliffen. Und die Klanglöcher müssen von Hand gesägt, die Schnitte versäubert und die Glocken dann zweimal lackiert werden.
Hier die kleinen Glockenkugeln vom Fransenkleidle, die sind fertig und kommen jetzt nach Schwenningen zum Vernickeln. 18 Arbeitsgänge sind das insgesamt, das glaubt man gar nicht.

Das Werkzeug, das Sie brauchen, haben Sie sich selbst konstruiert und hergestellt?
Ja, wie den Ringhalter für die Bimmeln, oder die ganze Halterung auf dem Spaltklotz.

Woher kommt der unterschiedliche Klang?
Unter anderem von der Größe der Kugeln; bei zehn sind keine zwei gleich. Der Spielraum ist einfach drin, das kann ich nicht steuern. Aber das macht auch den Reiz aus, diese Vielstimmigkeit. Das Vernickeln ändert dann nichts mehr am Ton, das ist nur noch ein Schutz. Und innen sind die kleinen Kugeln, die sich bei jedem Schritt bewegen, und über die gehämmerte Oberfläche rollen, wie bei den großen Glocken für Gschell und Biss.

Was wiegt denn dann ein fertiger Glockensatz für Biss oder Gschell – die müssen ja sechs oder acht Riemen tragen? Mit mindestens 42 Glocken?
Zwanzig Kilo sind da schnell beieinander. Ab einer Körpergroße von 1,85 m bekommen sie acht Glocken je Riemen!

Sie sind bestimmt auch über die Familie in die Fasnet gewachsen. Was war denn Ihr Vater von Beruf? Und wie kamen Sie zum Glockenmachen?
Installateur war der auch. Ich wollte meine eigenen Glocken machen, und nach der Währung, also 1948, hab ich gleich gesagt: jetzt kommt mir ein Biss her. Da haben die Leute noch das Geld fürs Essen ausgegeben, aber ich hab mir gleich beim Konzmann die Halbschalen für die Glocken geholt und daheim geklopft. Getragen hab ich das bis vor circa 20 Jahren, dann war das Kopfstück durchgeschwitzt. Das hatte dann keinen Wert mehr, weil das sollte man ja erhalten. Ich hab's dann einem Sammler geschenkt für seine Stube. Offiziell mach ich die Glocken seit 1986.

Womit könnte man diese Art Handwerk am ehesten vergleichen – wo macht man das? Woher wussten Sie, wie das geht?
Das kommt aus der Glockenherstellung, aber speziell gelernt hab ich das nicht. Das Verdichten so auf die Form war meine eigene Idee, das gab es bis dahin noch gar nicht. Früher hat man die Glockenschalen in ein Gesenk geschlagen. Und ich dachte, das könnte man doch anders machen. Ein Schmied hat mir dann probeweise diese Stahlformen hier gemacht, die verwende ich heute noch. Ich musste mir erst etwas für den Lärmschutz ausdenken, das hallte durchs ganze Haus. Damit der Hammer ein klein wenig hebt, hab ich den Griff umwickelt und schmiere ihn immer mit Honig ein – sonst fällt er mir aus den Händen.

Wieso sagt man, dass die Rottweiler Glocken einen besonderen Klang haben?
Ich weiß auch nicht – vielleicht, weil man's mit Liebe macht? Drum sag ich ja, das Beste ist gerade gut genug. Ich hab's ausgetüftelt; meine klinget a bissle anders. Der Riedlinger hat's festgestellt – der bekommt auch von zwei anderen Glocken –: „Deinen Klang haben sie halt nicht."

Sind Sie am Fasnetsmontag wieder dabei?
Klar, da kommen die ersten Narren schon um sechs zu mir, auf ein Gläsle Sekt in die Vogelbeerbaum-Bar. Mit denen hab ich damals genarrt, die kommen heute noch! Vor zwei Jahren hab ich selbst noch mit einem Schantle genarrt, aber das geht heute nicht mehr. Um dreiviertel acht geh ich dann d'Stadt nab, immer am gleichen Platz. Meine Verwandtschaft steht da schon. Letztes Jahr musste ich um dreiviertel zehn weg – ich hab's nicht mehr sehen können. Früher hat's geheißen „Narrensprung" – heute ist es ein Hammellauf! Die Vielzahl der Narren macht's kaputt. In den Fünfziger Jahren waren wir nur 500 Narren – da musstest Du narren können, sonst bist Du aufgefallen.
Schwierig ... Ich schwätz mit jedem: Unterm Jahr kann er rumlaufen, wie er will. Aber das Kleidle verpflichtet, Du bist nur der Träger. Du musst das machen, was man vom Kleidle erwartet. Und das muss einem bewusst sein, sonst geht das Brauchtum kaputt.

Da wird Narro kugelrund seine Freude haben.

ARNOLD RIEDLINGER

Riemenmacher
Schuhmachermeister
geb. 1939, lebt in Schömberg-Schörzingen

„Der Riedlinger macht die besten Riemen" (Otto Rapp)

Der Riemenmacher hat so seine kleinen Geheimnisse. Betriebsgeheimnisse, lächelt er verschmitzt, im Lauf eines langen Berufslebens entwickelt und dem eigenen Anspruch an eine hohe Qualität geschuldet.
Arnold Riedlinger, der Schörzinger Riemenmacher, hat in seiner Jugend in einer Schwenninger Schuhfabrik zunächst Oberlederzuschneider gelernt. Ganz selbstverständlich, denn der Vater hatte in Schörzingen ortsausgangs Richtung Wilflingen 1920 eine Schuhfabrikation und 1924 den Schuhladen im Haus aufgebaut. An den Laden erinnern nur noch Preisschildchen im leeren Schaufenster. Mit dem Leder arbeitet Riedlinger aber heute noch, in einer Werkstatt, die einem Museum Ehre machen würde, mit Werkzeug, das vermutlich kaum mehr jemand kennt. „Es gab Zeiten", erzählt der Lederfachmann, „da hab' ich das ganze Metallzeug abholen lassen. Es brauchte ja niemand mehr." Aber seine geheimnisvollen alten Maschinen, wie die für die Sohlen-Holznägel, funktionieren heute noch.

Das große „R" – Riedlinger und Rapp

Rund 30 Arbeitsgänge – angefangen von der Ledersuche beim richtigen Gerber – braucht es, bis die sieben oder acht Glocken schön sauber aufgereiht fest am Riemen sitzen, die kleineren außen, die großen in der Mitte. Die Rottweiler haben andere als zum Beispiel die Schömberger. Die Rottweiler haben auch ihren ganz eigenen Klang: Für den sorgt Otto Rapp in Rottweil – „der ist eine Institution". Riedlinger nimmt einen fertigen Lederriemen hoch, selber fasziniert, obwohl er bestimmt schon Hunderte in Händen hielt: Voll und weich klingen die großen Glockenkugeln für Gschell und Biss, vielstimmig, hell und leicht die Glocken für die Fransenkleidle. Und manche klingen nach. „Jeder macht's halt e bissle anders."

Seit wann machen Sie schon die Glockenriemen?

1964 habe ich den Laden meines Vaters übernommen und bis 1992 geführt. Aber Schuhe mache ich heute noch. In dem Jahr hat mich auch eine damalige Arbeitskollegin in Rottweil gefragt, ob ich auch „so was" machen könnte.

Was sind denn typische Arbeitsschritte?

Ich schneide die Streifen von Hand nach der Schablone aus einer großen Haut; die Messer sind scharf wie Skalpelle, das gibt präzise Schnitte. Die Klingen schleife ich selbst, das mussten wir in der Fabrik damals auch. Dann werden die Kanten schön gemacht, also geschliffen, das Zipfele vorn für die Schnalle angepasst und die Löcher für die Befestigung der Glocken und die für die Schnalle eingestanzt. Da sind es immer fünf Löcher übrigens – eine ungerade Zahl –, das sieht besser aus. Die Riemen sind mit farbigem Filz gefüttert und mit weichem, feinen Schweineleder unterlegt. Ich habe für viele Arbeitsgänge meine eigene Methode entwickelt, da fließen praktische und ästhetische Überlegungen ein. Man könnte sagen, da liegt Herzblut drin. Faden und Filz stimme ich ab auf die Farben vom Fransenkleidle – zum Beispiel burgund –, ich schwätz da schon mit. Früher wurde alles mit Weiß genäht; die Zunft hat vor ein paar Jahren die farbliche Abstimmung angeregt („d'r Hezinger hot des wella"). Aber ich guck schon danach ... früher war ich jedes Jahr auf den Schuh-Modeschauen, ich hab schon ein Gespür für Ästhetik. Ich werde auch öfters gefragt, ob ich etwas anpassen kann, damit es bequemer zu tragen ist. Wenn ein neuer Kunde kommt, dann passe ich die Glockenriemen auf ihn an – sie sollen ja nicht der ganzen Stadt passen.

Wer lässt denn bei Ihnen Riemen machen?

Die Wilflinger Geschelle, und sonst so gut wie fast nur Rottweiler – von den Kindern bis zu den fertigen, den großen Männern mit 2 Metern!

Lohnt sich der große Aufwand denn finanziell?

Nein, gar nicht! 120 Euro pro Riemen, Kinderriemen etwas weniger, obwohl es die gleiche Arbeit ist. Aber darum geht es auch nicht.

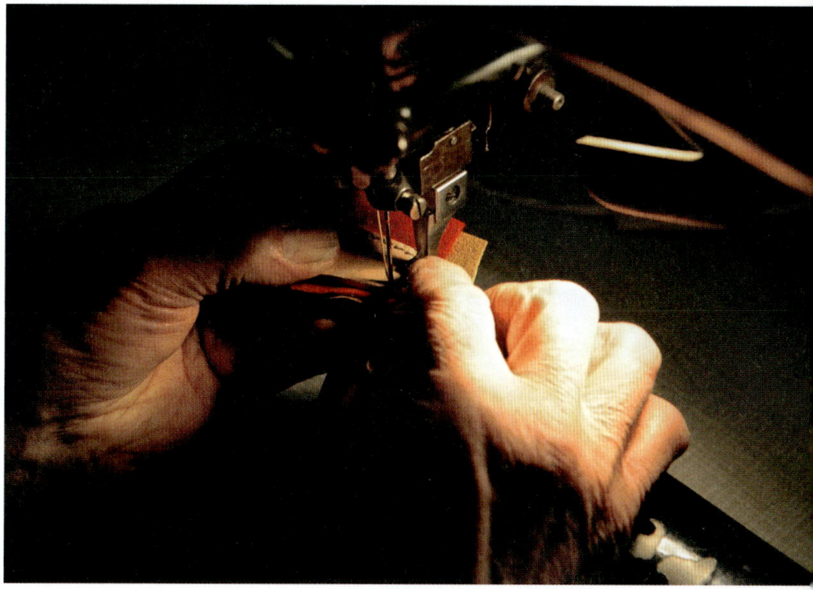

Glockenriemen brauchen sichere Hände.

Biss

Gschell

Benner Rössle mit Treibern

Der Narrenengel

Federahannes

Fransenkleid

Der Guller

Schantle

Er hat den Überblick: Der Lange Mann.

S'wird au it zum Regna komma!

Die haben den Bogen raus

... und die Stadtkapelle den guten Ton.

Durch für die Zuschauer unsichtbare Seitengassen streben die Narren dem Platz hinter dem Schwarzen Tor zu, was ein permanentes Klangbild produziert, das an Intensität gewinnt. Der sich aufbauende Spannungsbogen entlädt sich dann fulminant mit dem ersten Glockenschlag um acht Uhr.

Alle in der Stadt hören diesen Klang der Glocke und just in diesem Moment schlägt etwas Unbeschreibliches tief in der Seele eines Narren und eines jeden Zuschauers eine Saite an. Es ist nur ein winziger Augenblick, nur ein denkbar flüchtiges Vergnügen, doch in diesem Moment erlebt der Rottweiler ein mikroskopisches Schaudern, eine Woge schnell verrauschender Seligkeit. Diese Seligkeit im Innern eines Jeden findet aber ihren Weg nach außen. Ganz Rottweil versinkt jetzt in einem vieltausendstimmigen Juchzger. Kein noch so guter Dichter oder Denker kann beschreiben, was in diesem Moment ein jeder empfindet. Es ist schlicht jenseits des sprachlichen Ausdrucksvermögens. Wie auch soll man etwas begrifflich fassen, was einfach unbegreiflich ist?

Schlag Acht wird die Reichsstadtzeit lebendig: Herolde

Hosch au scho ghört: S'isch Fasnet!

Das Paradies für Rottweils junge Narren

Jugendkapelle

und die Ordner in der Stadtknechtsuniform

Der Schimmel ist nicht mehr zu bändigen

Tapferes kleines Fransenkleid hinterm Schwarzen Tor

Der Narrenengel vor der Stadtkapelle trägt die wahren Stadtfarben Rot und Weiß.

Auch in Rottweil daheim: Till Eulenspiegel; er führt im Narrensprung die Bajasse an.

Sehr feminin wirkt das Fransenkleid.

s'Marxabecka Federahannes

Ein jüngerer Verwandter von ihm

... und noch mehr Verwandte

So ein Schantle kann eigen sein.

An Narren fehlt's gwiß it.

Wer kennt die Witwe Bolte nicht?

... und mir fehlt's au an nix!

Federhannes: Warst Du beim Zahnarzt?

Das Weltbild biegt sich in diesen Tagen zuweilen.

Sche, dass Du au do bisch, Fransekleid!

Skeptisch guckt der Schantle in d'Fasnet.

Di hemmer au im Narrabuch!

Die Gäul sind au nimme des.

D'r hellscht bin i it, aber klepfa kan' i!

Vielleicht ist das Schwarze Tor ein Katalysator für die Sprungkraft? Über die Höhenbegrenzung lachen die Federhannes jedenfalls nur.

Dir hätt' i vielleicht ebbes zum saga.

I werd au nix vergessa han.

Hinein in den Fasnetshimmel

Mir sind guet mitnand.

Ganget mir etzt in Äpfel oder ins Rössle?

So an Kerle wia mi geit's koane drei!

Mit uns ka m'r 's ja macha.

Au da Rösslegriff kann i!

No it z' spät komma zum Sprung!

Am Schluss vom Narrensprung hat jeder Hunger

... und für da Durscht gibt's was im Äpfel.

So eine Liebe!

O jerum, o jerum – die Fasnet hot a Loch!

Ein jeder wird nun mitgerissen in diesen Strom des Erlebens, der den ganzen Montag und Dienstag fließt und der nicht zu versickern scheint. Versiegt aber dann doch irgendwann der Strom der Narren, die am Narrensprung durchs Schwarze Tor jucken, so beginnt die eigentliche Straßenfasnet.

Narro kugelrund –

Da Narraengel hot halt it jeder als Handhebede.

Sait d'r Treiber: „Duet's es, Euer Merkwürden?"

d' Stadtleit sind wieder älle g'sund!

So, bisch au do!

... siebe Sih sind Narro gsi

Du hosch mir grad no g'fehlt.

Die Narren ziehen durch die Gassen, Straßen und Lokale, um ihr „Opfer" zu finden, dem sie aufsagen wollen. Findet sich da niemand, dann klingelt eine Narrengruppe schon auch mal an der Haustüre und stattet der einen oder anderen Familie einen Besuch ab. In persiflierender Form bekommt der Nichtmaskierte nun seine oder die eines Bekannten im Lauf des Jahres begangenen Streiche oder Verfehlungen vorgehalten, wobei der Narr sich gerne eines mehr oder minder kunstvoll gemalten Narrenbuches bedient. Die alte Regel, nur Leuten aufzusagen, die einem sympathisch sind, lässt keine verletzende Schärfe aufkommen. Zur Anrede der Unvermummten benützt der Narr grundsätzlich das Du. Und selbstverständlich bedient sich der Narr beim Aufsagen der Rottweiler Mundart, da diese die ungeschminkte Wahrheit oft plastischer darzustellen vermag als das Schriftdeutsche. Dem Zuhörer versüßt das »Schnupfen« einer Praline oder eines Gutsles die eben erfahrene Wahrheit. Mit dieser versöhnlichen Geste endet das Aufsagen. Auch wenn das Aufsagen immer schon eine Art Überdruckventil der Volksseele darstellte und in der Reichsstadtzeit Grund zu manchem Fasnetsverbot gewesen sein mag, so halten sich doch heute viele Narren an das „Niemand zu Leid, jedem zur Freud".

Und so urplötzlich, wie sie gekommen ist, so unvermittelt verschwindet die Fasnet dann auch wieder.

Schnupfe lasse

Junge Narren bringen's etwas anders rüber.

Ufsage isch dia halb Fasnet.

Und die Biss saget d'Wohret gwiß!

LUISE LAMBRECHT

Frau von Karl Lambrecht (†2013)
geb. 1928 in Schramberg, kam 1947 nach Rottweil, ehem. Krankenschwester im Städtischen Spital

KARL LAMBRECHT JR.

Sohn von Luise und Karl Lambrecht sen.
geb. 1960 in Rottweil
Abt.leiter Pflege / Vinzenz von Paul Hospital

WERNER FRANK

früher Fassmaler,
von Beruf selbst. Malermeister
ehem. 2. Narrenmeister und Zunftsäckelmeister, Jahrgang 1936

„Schellhorn und Lambrecht – die könntet doch do doba amol a weng Wolka schieba" (Luise Lambrecht zum Wetter im Mai 2014)

Gibt es das alte Aufsagen heute noch? Und hat sich das verändert?

Frank: *Ja, das war vielleicht etwas deftiger. Meist kannten sich die Zuhörer und Aufsager, es war ja alles kleiner und überschaubarer als heute. Trotz der Larve erkannte man manchmal die Stimme. Da hat ein Wort das andere gegeben und es hat sich hochgeschaukelt. Und man hatte schon seine speziellen Leute, von denen man wusste: Der gibt mir Retour.*

War es das, worauf man sich eigentlich das ganze Jahr gefreut hat?

L. Lambrecht: *Das Aufsagen ist am schönsten, wenn die Stadt leer ist und die Narren laufen durch die Straßen. Ha, das war was ... „Gugg, de sell, de nemmer mr!" Und sind sie gleich zu dritt oder zu viert um sie rum. Einer wusste dann irgendwelche Schandtaten, und dann wurde da drauf reingeprügelt. Aber das ist die Kunst: auf eine nette Art, nicht glotzig-bösartig. Mein Mann konnte das gut.*

Frank: *Es soll ja nicht beleidigend sein! Aber es darf schon ein bissle stupfen. Es kommt immer ein bisschen auf die Gruppen an, zum Beispiel eine Frauengruppe, die bringen viel von den Familien in der Innenstadt. Da kann die Luise mehr sagen als ich – ihr ist mehr aufgesagt worden als mir.*

L. Lambrecht: *Diese Frauengruppe hab ich ja in den Siebziger Jahren ins Leben gerufen! Aber mit einem anspruchsvollen Beruf und vier Kindern musste ich irgendwann auch wieder aufhören.*

Das heißt, Sie mussten während der Fasnet arbeiten?

L. Lambrecht: *Ja. Anfangs hatte ich Glück, weil viele Kolleginnen vom Land kamen, wo nix los war und die in den*

Tagen gern in die Stadt kamen, da konnte ich mal Urlaub nehmen. Aber mit der Zeit war auf dem Land auch immer mehr los, und dann wollten die Kolleginnen auch frei.

Herr Frank, Sie waren früher Fassmaler. Hat sich in der Fassmalerei etwas verändert in der Technik, im Ausdruck? Musste man sich früher auch in einem engen Rahmen bewegen?

L. Lambrecht: *Ich kann mich entsinnen, dass es früher Masken gab, die aussahen wie Mongolen. Jeder Schnitzer wollte seine Spezialität zeigen, so wie mein Nachbar Reichstein früher wunderschöne Federahannes gemacht hat. Langenfeld macht sehr schöne Glattlarven – so hat auch heute jeder noch seine Spezialität. Bei manchen Schnitzern wär's gut, sie würden wieder aufhören – jeder, der meinte, er sei ein wenig geschickt, fing mit dem Schnitzen an.*

Frank: *Heute kommen sie ja auch nicht mehr durch bei der Abnahme, früher war man großzügiger. Eigentlich waren das Larven von guten Schnitzern – aber zugelassen würden sie heute nicht mehr – der Rottweiler Larventyp ist festgelegt. Das Regelwerk von heute ist schon gut.*

Erinnern Sie sich, was der Anlass war?

Frank: *Es fing mit dem Stoff an, mit grellen Acrylfarben, die trockneten schneller. Die waren weich, und dann hing das Kleidle rum und man konnte die Figuren auf den Beinen nicht mehr sehen. Ein Biss oder Gschell muss aber breit daherkommen, und die Ölfarben machen den Stoff viel stabiler. Dann passen die Hosen unten zu den mächtigen Glocken oben.*

L. Lambrecht: *Dann kamen alle möglichen anderen Motive zu den traditionellen Efeuranken und Porträts – ich kenne heute noch einige von der Malerin Maria Kopp-Gössele. Eigentlich sind sie sehr schön.*

Frank: *Damals hatten wir Freude dran, ich selbst hatte auf meinem Biss auch meinen Großvater als Porträt – mit Turban, einen Bart hatte er sowieso. Im Nachhinein finde ich das nicht mehr so toll, aber damals sollte ihn das ehren.*

L. Lambrecht: *Bei den Schantle nahmen die Brokatstoffe auch überhand – gegenüber Sackrupfen mit Stickerei und farbigen Bändern, was sie früher trugen.*

Frank: *Ich selbst hab mir übrigens mit 16 Jahren mein eigenes Kleidle machen lassen, mit einer Larve vom Schnitzer Muttelsee, gefasst vom Fassmaler Breucha. 12 Mark 50 kostete das, und das Schnitzen 48 Mark. Das war damals viel Geld, und ich hab als Lehrling 5 Mark in der Woche verdient. Die ganze Familie hat mir dabei geholfen – meine Mutter hat die Teile, die ein Schneider zugeschnitten hatte, zusammengenäht und die Federn aufgenäht. Der Stecken aus Eschenholz war vom Wagner Landerer – extra lang, damit ich schön springen konnte.*

Wie war das – hatten Sie Gelegenheit zum Üben?

Frank: *Ja, zuhause, ein paar Tage vor der Fasnet. Und jeder hatte seine spezielle Technik, um nicht hinzufallen, d'Stadt nab kann es ja ganz schön glatt sein bei Schnee und Matsch.*

L. Lambrecht: *Mein ältester Sohn war vier, als er sein erstes Federhännesle bekam. Dem hab ich hinterm Haus an einem Besen gezeigt, wie er es machen muss – es war nett. Und der Leonhardt konnte mit fünf so schön sprechen, der hat aufgesagt wie ein Weltmeister.*

Was war denn früher in der Fasnet anders, hat sich etwas verändert?

Frank: *Na ja, wir wussten zum Beispiel ganz genau, wer in den Rössle ist, und für jeden Bub war das Höchste ein Rössle. Das waren ja ganz früher nur drei oder vier – als Bub ist man denen hinterher, vor allem abends beim Heimtreiben. Ich bin mein halbes Leben als Rössle gelaufen, vom 20. Lebensjahr bis zum Krieg.*

L. Lambrecht: *Ich kann mich noch erinnern, als der Karl mal im Rössle in Elzach war. Er war groß und kräftig – sie haben ihn jedenfalls immer wieder getroffen. Und er war immer das „Kamel von Elzach", weil er so einen Buckel gemacht hat beim Wegducken. Eigentlich sollte ja die Feder nur knapp berührt werden.*

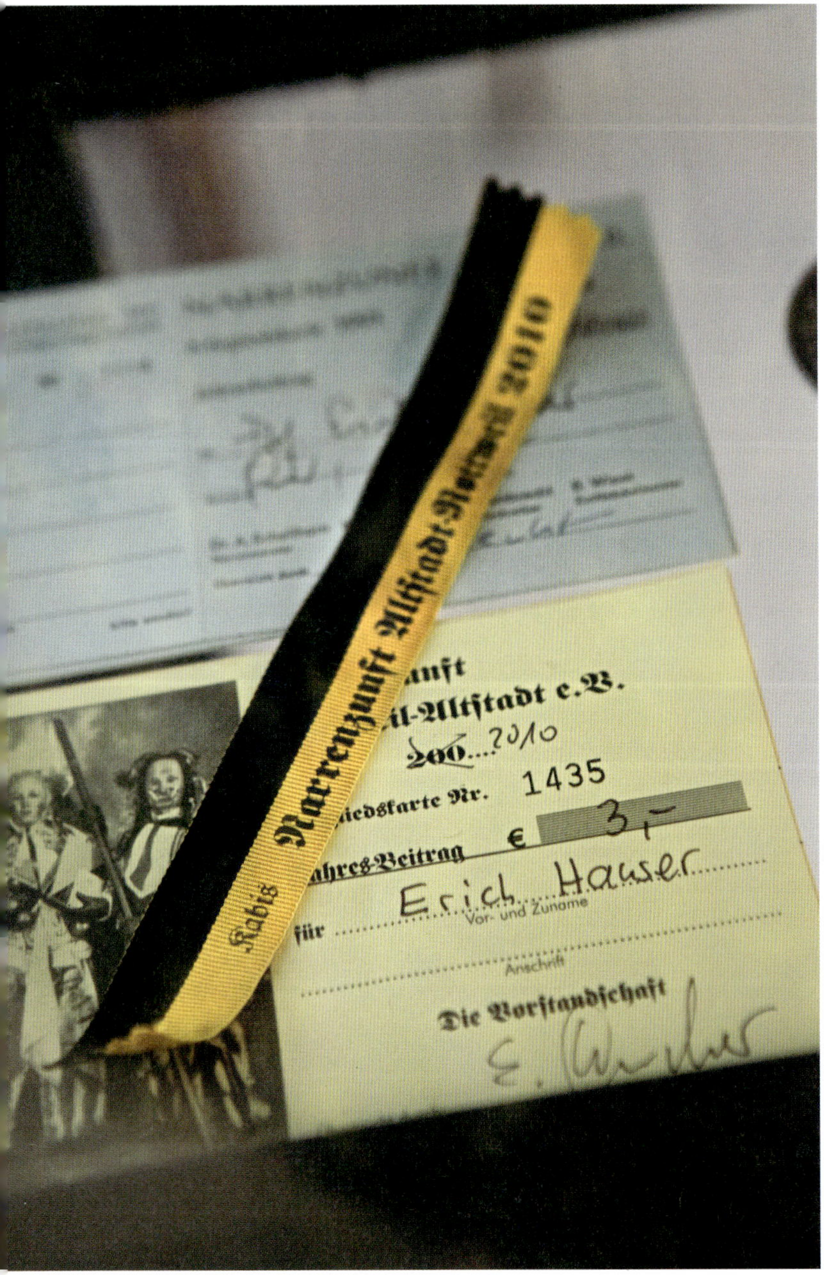

Auch der Narr braucht dringend Papiere.

Frank: *Durch die Masse hat sich schon etwas verändert, in den sechziger Jahren waren 350 Narren viel. Heute können viele Kleidle mit Plakette überall gekauft und die Plakette nachgemacht werden. Früher konnte man sich die Kleidle nur ausleihen. Aber weil die so wertvoll waren, wurden die irgendwann nicht mehr ausgeliehen. Es blieb also gar nichts anderes übrig, als eigene Kleidle machen zu lassen.*

Lambrecht: *Irgendwann wurden es auch zu viele Federhannes, ganze Kolonnen, und das Publikum fühlte sich belästigt. Die jungen Buben in einem gewissen Alter gingen nicht so sorgsam mit dem Publikum um.*

Frank: *Aber wie soll man das in den Griff bekommen?*

L. Lambrecht: *Bevor ich meinen Schlaganfall bekam, hatte ich immer acht Narren vorbereitet, als Mutter bist Du da zuständig. Vierzehn Tage vorher hab ich schon Krawättle präpariert und Handschuhe – jeder nimmt zwei Pärle mit. Der Vater wollte speziell des und sell ... In einem Jahr musste ich mal 150 Federn annähen! Die Weißnarrenkleidle musste man waschen, und der Dreck von der Straße ging fast gar nicht raus. Man musste auf die Figuren aufpassen, die Kleidle konnte ich nur von Hand und mit Kernseife ausbürsten. Ich hätte die nie in die Waschmaschine gesteckt. Deswegen müssen auch die Hosen unten richtig hochgebunden werden, und richtig anziehen muss man sich auch. Das Erste, was mein Mann reglementierte, waren einheitlich schwarze Socken und schwarze Schuhe zum Narrenkleidle. Die Frauen trugen ja zum Teil hohe Absätze und farbige Schuhe! Und für acht Glockenriemen braucht es einfach vernünftige Schuhe.*

K. Lambrecht jr.: *Es gab früher auch viel mehr Narrenbälle, Hausbälle und Kappenabende, für die man sich kostümiert hat. Die meisten Wirtshäuser gibt es heute so nicht mehr – wie die Blume. Das war früher eines der urigsten Lokale, heute ist ein Chinese drin. Wenn ich dran denke, wie wir mit dem Vater unterwegs waren ... im Café Fischinger oder im Mohren. Die Kappenabende gibt es ja so gar nicht mehr. Und wenn ich früher mit einer Schmotzigengruppe unterwegs war, haben die Leute viel mehr mitgemacht – es kamen Antworten. Heute will man nur noch konsumieren, vor allem viele Auswärtige, die das sehen wollen. Auch beim Aufsagen: Das ist heute eher ein Monolog, kein Dialog mehr. Früher wurde regelrecht diskutiert, man erlebt das heute nicht mehr.*

L. Lambrecht: *Viele Rottweiler, die heute woanders leben, sagen schon: Ich kenn ja niemanden mehr, das ist nicht schön. Das ist auch für die Narren beim Sprung seltsam, man braucht sein Publikum der Straße – mal „schnuffe" lassen, oder Brezel werfen.*

K. Lambrecht jr.: *So ist das auch in den Wirtschaften, ein Fremder kann natürlich mit dem, was in den Narrenbüchern steht, nichts anfangen.*

Frank: *Sie horchen auch nicht zu. Und die Rottweiler bekommen meist keinen Platz mehr.*

Wie haben Sie die Fasnet als Jugendliche erlebt, und wie sehen Sie die Jugendlichen bei der Fasnet heute?

L. Lambrecht: *Ehrlich, als ich zum ersten Mal als Fransenkleidle durchs Schwarze Tor bin, hab ich ein Stoßgebet losgelassen, dass ich es ja alles recht mache: dass das Foulard richtig sitzt, ich den Korb richtig halte und richtig aufsage. Ich hatte einen strengen Mann ... wenn der Karle im Biss heimgelaufen ist, musste ich – in Zivil – drei Schritte hinter ihm laufen. Früher wurde uns das eingebläut: „Du machsch mir ja kei Schand!"*

Frank: Heute braucht es die Regeln dafür.

L. Lambrecht: *Für die heutige Jugend hat dieses Traditionelle fast keinen Wert mehr, sondern eher die Teilnahme am Spektakel „Narrensprung". Das Drumherum kennen die wenigsten. Wir durften die Larven und die Riemen nicht abnehmen, von morgens bis abends. Wir haben das auch nicht als Einschränkung empfunden, sondern das war normal.*

Fallen Ihnen spontan Anekdoten ein, Geschichten zur Fasnet?

L. Lambrecht: *Also, was für mich damals sehr schön war – wir fingen im Spital ja wegen der Fasnet schon um halb sechs Uhr an. Dr. Groß und Heiner Merz waren befreundet, der eine schmal wie ein Floh, der andere groß und dick. Der Merz hatte ein Biss dran und der Dr. Groß ein Gschell. Sie kamen miteinander mit einer Ziehharmonika, unten zum Aufzug rein und hoch durch einen Durchgang ins Altenheim ins Refektorium und sagten den Nonnen auf. Die durften ja nichts machen, hatten aber eine Riesenfreude an der Fasnet. Und ich erinnere mich an Schwester Maria Raphaelis, deren Bruder Prior bei den Benediktinern in Beuron war: Als mein Mann, damals noch Bräutigam, in die Narrenzunft kam, hab ich ihr das erzählt. Und sie war ganz entsetzt: „Was, in diesen Saufverein kommt der?"*

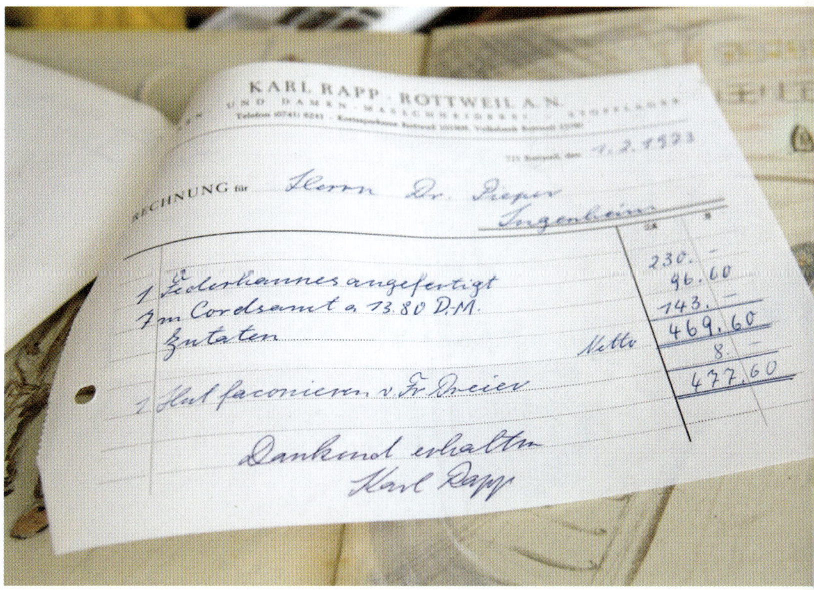

Die Federahannes sind heute auch teurer – aber it viel!

Was hat denn Ihren Mann ausgemacht, nicht nur in der Fasnet?

L. Lambrecht: *Er war ungeheuer schlagfertig. Er konnte jedem „ebbes naschwätza", ob er ihn kennt hat oder it. Wenn er jemanden kannte, wusste er meist etwas über ihn – er hat eigentlich das ganze Jahr ein bissle aufgesagt.*

K. Lambrecht jr.: *Ich hab ihn früher bei der Fasnet sehr streng erlebt. Er legte großen Wert auf die Einhaltung der Abläufe und der Tradition. Auch wenn wir mit den Kleidle, selbst seine Enkel am Anfang, aus dem Haus sind, wir mussten uns entsprechend benehmen und uns der Traditionen bewusst sein. Das Moderne mochte er nicht so – also wenn sonntags versucht wurde, mit Themenwägen durch die Stadt zu fahren. Oder wenn Ortschaften Fasnet und Hexen eingeführt haben, die jahrhundertelang nichts mit Fasnet zu tun hatten. Auch wegen des Bettelnarren gab es einen großen Kampf mit den Jungen. Der Stadtjugendring hat ihn Mitte der achtziger Jahre richten lassen und wieder eingeführt, nachdem es ihn lang nicht mehr gab. Er darf auch heute noch nicht mitlaufen, erst nach dem Sprung darf er raus. Genauso wie das dicke Weib, die lag oben im Fundus auf der Bühne im alten Kaufhaus (heute Rosenkavalier). Allerdings hat er es nicht massiv verdammt und sich mit den anderen an einen Tisch gesetzt und besprochen.*

Hat Karl Lambrecht senior die Fasnet zu seiner Zeit geprägt?

Frank: *Ja, das kann man schon sagen. Er hat alte Traditionen teilweise wieder durchgesetzt.*

L. Lambrecht: *Ich hab neulich im Russ den heutigen Narrenmeister, Christoph Bechtold, getroffen und ihm gesagt: Vergesst bitte nicht, dass die Narrenzunft ein Kulturverein ist und kein Gugusdada-Verein ...*

K. Lambrecht jr.: *Unter ihm wurden die Abnahmen eingeführt und die Kontrollen am Schwarzen Tor. In der Zeit bin ich gerade von Rottweil nach Deilingen gezogen und bekam viel Kontakt mit anderen Narrenzünften – die lachten immer über Rottweil! Jahre später zog ein Rottweiler von Oberheim wieder zurück und meinte: „Die Rottweiler hatten recht." Die Obernheimer haben das nach und nach auch bei sich eingeführt.*

Frank: *Auch Schramberg und Oberndorf haben das eingeführt.*

K. Lambrecht jr.: *Sein zweiter Schwerpunkt war Kulturgeschichte, wir waren oft im Landesarchiv, haben sehr viel Fasnet in der Umgebung und viel Tiroler Fasnet angeschaut. Er war auch gern gesehener Gast bei den umgebenden traditionellen Narrenzünften, denen er auch bei der Erforschung ihrer Geschichte geholfen hat. Die Fasnet war sein Leben.*

Noch ein alter Federahannes

Irgendwo am Fastnachtsdienstag, irgendwann so gegen 18 Uhr zieht sie sich dann wieder zurück. Einsam schlendern die letzten Weißnarren in diesem Moment mit leerem Korb und leerer Schnupfdose im Halbdunkel nach Hause. Weit weg hört man noch die letzten krachenden Peitschenhiebe der Rössletreiber, die ihren müden „Gaul" in den heimatlichen Stall zu bringen versuchen und dann wird es still in der Stadt. Die Fasnet hinterlässt ein emotionales Chaos und vertraut darauf, dass alle nächstes Jahr wieder auf sie warten. Ein Jahr Warten auf diese paar Tage, zig Tage Vorbereitung für diese paar Stunden, viele Stunden Diskussionen im Familien- und Bekanntenkreis zur Organisation dieser kurzen Weile. Das verstehe, wer will. Wer's aber versteht, der hat's verstanden.

Auch wenn's weh tut – glei isch's rum ...

aber Bettzeit isch erscht später!

Au Rössle hend Durscht und kommet selta alloi.

Um dieses Warten zu verkürzen und um das Gesehene und Gehörte zu verarbeiten, trifft sich der eine oder andere mit Freunden oder Bekannten noch zum gemeinsamen Aschermittwochsessen. Rottweils Gastronomie bietet an diesem Tag vor allem knoblauchgetränkte Schnecken, fettige Kässpätzle, kalorienarmen Fisch oder saure Kutteln an.

Ihren Abschluss findet die Fasnet in Rottweil dann am geselligen „Funkensonntag". Die Siedlergemeinschaft auf der Brücke trug zum Beispiel fünfundsiebzigmal auf dem exponiert liegenden Sechserbuckel den „Funken", einen riesigen Haufen aus Stroh, Holz und alten Weihnachtsbäumen zusammen. Oben auf der Spitze des Haufens thront eine angebundene Puppe, die die Fasnet repräsentiert. Nach Einbruch der Dunkelheit wird dann der „Funken" abgebrannt. Fängt nun der Holzhaufen Feuer, so erweckt das Ganze den Eindruck eines Scheiterhaufens, auf dem eben die Fastnacht verbrannt wird. Obendrein bescherten die Helfer den Besuchern Gaumenfreuden in Form von Grillwürsten und Kuchen, dazu eine Tasse heißen Glühwein. Es gilt einfach, die gesellige Runde am Feuer zu genießen. Leider fand diese Tradition des Rottweiler Funken auf dem Sechserbuckel 2014 ein Ende.

Aber nicht nur Abläufe, die an der Peripherie der Fastnacht zu Hause sind, ändern sich oder verschwinden. Auch Kernelemente der traditionsreichen Fasnet sind im besten Fall einem Wandel unterworfen, im schlechtesten Fall von der Auslöschung bedroht. Besorgniserregend sind vor allem der immer stärkere Ruf nach eventhafter Anreicherung der Fastnacht und ein Verlust des Schamgefühls in Bezug auf die Vermummung, weshalb sich ein Nachdenken über diese Themen lohnt.

Schnecken und Hering im Russenstüble erleichtern das Fasten.

Mit dem Funkenfeuer geht es endlich ins Frühjahr.

LBS
Parken in
gekennzeichneten
Flächen erlaubt

die-Technik Sanitätshaus
altes Backhaus
Pension

„Narro kugelrund,
d'Stadtleit sind wieder alle g'sund!"

DIE ROTTWEILER FASNET – EIN BLICK NACH VORN

FRANK HUBER

Das Festhalten an der fastnachtlichen Vätersitte ist in der Bürgerschaft und selbst in der Narrenzunft nicht über jeden Tadel erhaben. Der eine oder andere, der die Fasnet liebt, würde gern etwas mehr Spektakel beim Aussenden der Abstauber oder bei der Rückkunft der Männer in Schwarz in das Rückkunftslokal haben.

Men in Black

Neue Arbeit für den Narrenmeister und seinen Assistenten?

Denkbar wäre ein Abstauben, bis der Arzt in Form des Narrenmeisters kommt und in den frühen Morgenstunden des 7. Januar die Lichter in den Lokalen der Rottweiler Innenstadt ausbläst. Auch an den Tagen zwischen dem Schmotzigen und dem Aschermittwoch könnte man der Fasnet doch einen Gefallen tun, indem man stärker auf Vergnügung und Unterhaltung setzt. Einige Vergnügungssüchtige treten immer mal wieder mit den Wünschen an die Narrenzunft heran, dass die Schmotzigengruppen ihre Auftritte an einem weiteren Tag wiederholen mögen, dass es am Fasnetssamstag einen Narrenumzug nur für Kinder gibt (vergleichbar dem Lehrbuaben-Sonntag in Elzach), dass die Narrenzunft endlich am Fasnetsmontag einen Nachtumzug organisiert, dass es vor allem dieses leidige Betzeitläuten nicht mehr gibt und dass sie endlich ein Partyzelt für die Jugend aufstellt. Ja die Jugend, die multimedial sich ihren Weg durchs Leben sucht, muss sowieso auf ganz anderen Wegen ans Brauchtum herangeführt werden. Denkbar wäre ein fastnachtliches Geocoaching. Also eine Schnitzeljagd mit GPS und Kernstadt-Spielchen mit digitaler Technik. Machbar wäre es doch, dass der technikaffine Jungnarr im Federahannes während des Narrensprungs verschiedene Stationen, die ihn spielerisch zum Brauchtum hinführen, abarbeiten muss. Oder anders ausgedrückt, könnte man nicht dieses schöne Stück Brauchtum einfach stärker als Event verstehen?

Die Gesellschaft erlebt derzeit doch sowieso eine „Karnevalisierung" vieler Bereiche, insbesondere in der Veranstaltungs- oder neudeutsch ausgedrückt „Eventkultur". Als Beispiele seien nur der „Christopher Street Day", das „Oktoberfest", „Halloween" oder auch bestimmte Unterhaltungsformate in den Medien wie der „Eurovision Song Contest" genannt. Närrische und karnevaleske Elemente wie Verkleidung, Maskeraden oder Stimmungsgesang beschränken sich nicht mehr allein auf den Fastnachtszeitraum, sondern sind zwischenzeitlich ganzjährig anzutreffen. Auch kommt es zu einem Mix mit anderen Bräuchen wie etwa den „Junggesellenabschieden" oder der „Fankultur" in den Sportstadien. Aufgrund dieser zeitgeistlichen Entwicklung wäre es doch dann nur eine logische Konsequenz, die Wurzel all dieser Ausblühungen, nämlich die Fasnet selbst, erlebnis- und ereignisorientierter zu gestalten.

Einige zentrale Überlegungen sind es, die die Verantwortlichen in Rottweil davon abhalten, dem Zeitgeist hier zu folgen. Zum einen repräsentiert die Fasnet ein Stück Heimat;

denken wir zum Beispiel an Narrenfiguren wie s`Marx-Becka Federahannes, das Benner Rössle, Schiermaiers Guller oder Ronnies Schantle, die einen Teil der Stadtgeschichte als lebendiges Bild darstellen, das nicht willkürlich verändert werden darf.

Zum anderen wird alles unbegrenzt Verfügbare auf Dauer sinnentleert, uninspiriert und langweilig. Daher hat die historisch begründete Zeiteingrenzung wie das Betzeitläuten in der Brauchausübung der Rottweiler Fasnet eine hohe Bedeutung.

Auch vor dem Hintergrund der Vermischung muss sich fastnachtliches Brauchtum in Rottweil klar abgrenzen. Wenn zum Beispiel die Kunst zum Anlocken eines breiteren Publikums neue Wege geht und bei einer Ausstellung eines 60er-Jahre-Künstlers Popmusik aus dieser Zeit spielt und damit die Grenzen zwischen Museum und Disco verwischt, ist das ein gangbarer Weg mit primär unterhaltender Funktion. Ob dieser Vergnügungsköder allerdings zu einer einprägsamen Auseinandersetzung des Besuchers mit dem Künstler führt, darf zumindest angezweifelt werden. Fasnet als eine Spielart des Brauchtums

Widmers Fuchs – was für ein edler Gaul

zielt aber gerade auf eine einprägsame, tiefer gehende und lange, ja generationenübergreifende Beziehungen zwischen Publikum und Ereignis, bei dem nach wie vor die schluchzende Lene und nicht der neuste Song aus den Charts im Mittelpunkt steht. Deshalb tut sich die Rottweiler Fasnet einfach auch mit großen Festzelten, egal ob für jung oder alt, schwer.

Fasnet ist als regionales, historisch gewachsenes Brauchtum eben kein Beliebigkeitsmix. Inhalte der Fasnet sind daher auch nicht willkürlich austauschbar. Nur des Spektakels wegen fastnachtliches Brauchtum aus anderen Regionen zu transferieren oder Brauchformen zu exportieren, widerspricht dem Kerngedanken der Fasnet. Deshalb findet die „Alte Basler Fastnacht" in Basel und nicht in Flensburg statt. Und der Lehrbuaben-Sonntag gehört nach Elzach und nicht nach Rottweil.

Wer Brauchtum als Event versteht, der will nicht das kulturelle Gedächtnis bewahren; er will nicht wissen, was die Alten wussten, er will sich nichts aneignen und sucht nicht mühselig in der Asche der Tradition nach ihrer ver-

Schiermeiers Guller

borgenen Glut. Über solche Pathosformeln können einige städtische Marketingexperten oder geschäftstüchtige Liebhaber der Fastnacht nur milde lächeln. Sie wollen lieber „Ereignisse", sie wollen „Spektakel statt Reflexion"; sie sagen „Erlebnis statt Bedeutung" und organisieren diese über die schnelle Euphorie und das flüchtige Dabeisein.

Ronnies Schantle

Die Gefahren der Unterhaltungskultur für die Rottweiler Fastnacht werden dabei von den Anhängern des Eventbetriebs gerne übersehen. So kommerzialisiert und trivialisiert der Eventbetrieb das überlieferte Brauchtum, um anschließend seine Trümmerreste in einem Ereignis-Stakkato, gleichsam als sinnlosen Sinn, in den Konsumenten-Alltag wieder einzuspielen. Brauchtum und Tradition entwickeln sich im Laufe der Zeit aufgrund der am Nachfrager orientierten Anpassungen zum Zerrbild, bei der die Verantwortlichen nur noch wissen wollen, ob die Sache profitabel ist.

In Rottweils Fastnacht spielt Gott sei Dank der Profit keine Rolle, es geht um Wichtigeres, es geht um ein Versprechen zwischen Hunderten von ehrenhaften Generationen. Aus den alten Fasnetsbräuchen soll der Nachhall längst verklungener Zeiten klingen. Man soll aus der Fasnet gleichsam das Herz der Väter schlagen hören. Dies will und soll der tiefste Sinn der Rottweiler Fasnacht sein. Es klingt in ihr fort ein Lied von der Väter Sehnen und Sinnen, von ihren Scherzen und Klagen, von ihrer Erdenlust und ihrem Herzeleid. Dieses Versprechen gilt es einzulösen, nicht „um´s Verrecken", aber mit der Weitsicht und dem Wissen, dass das Leben im Morgen und Übermorgen nicht nur vom Heute, sondern auch vom Gestern und Vorgestern geprägt wird. Auf keinen Fall darf bei den Überlegungen, das Brauchtum zu wahren, das Spektakuläre und damit das Bedeutungslose Berücksichtigung finden. Und deshalb bleibt das Betzeitläuten als Fels in der Brandung bestehen und deshalb bleibt auch der Nachtumzug dort, wo er ist, nämlich in Elzach.

ALFRED „FEDE“ ROTH

geb. 1925 in Rottweil
Berufliche Laufbahn: Kriegseinsatz, Ausbildung zum Notariatsanwärter, später Kaufmann, seit 1987 Rentner

„Des hat m'r it verwarte kenna, bis d'Fasnet kunnt!“

Herr Roth – erinnern Sie sich an die Fasnet in Ihrer Kindheit? Wie war das in der Familie?
Wir konnten es kaum erwarten, bis die Fasnet kam ... Das Früheste, an was ich mich erinnern kann, sind Narrenglocken, so um 1930. Wir hatten im Konsum in der Hohlengrabengasse gewohnt, neben der Familie Hezinger. Und der Hezinger Karle hatte ein Biss, von dem hörte ich immer die Glocken. Meine Eltern selbst hatten keine Narrenkleidle und haben auch nicht genarrt, auch wenn mein Vater aus einer Rottweiler Familie stammte.

Hätten Sie gern ein eigenes Narrenkleidle gehabt? Wenn man als Kind in Rottweil aufgewachsen ist, da war das doch sicher der große Traum?
Das war ein Traum – aber es war unerschwinglich, weil Du ja kein Geld hattest. Es gab nur bestimmte Häuser in Rottweil, die Narrenkleidle verliehen haben, die Herrenkramere, dann gab es oben in der Hochturmgasse ein Haus, aber da weiß ich den Namen nicht mehr.

Die Kleidle wurden verliehen? Das kostete aber was, oder?
Ja, die Glaserei Wilhelm zum Beispiel hat Kleidle verliehen. Nach der Generalversammlung der Narrenzunft – also drei Wochen vor der Fasnet – rannte man zur Familie Fischinger und reservierte sich ein Kleidle. Aber was das gekostet hat, weiß ich nicht mehr. Aber meine Eltern hätten mir bestimmt nicht bezahlt, dafür war kein Geld da – jeden Tag etwas zum Essen zu haben, das war wichtiger, als an der Fasnet ein Narrenkleid zu haben.

Haben Sie Ihre Eltern damals ein bisschen „genervt“ mit einem Kleidle, oder wagte man es gar nicht, zu fragen?
Nein, genervt eigentlich nicht. Meine Eltern hatten schon auch die Fasnet gern und mein Vater hat, solange er lebte, keinen Narrensprung verpasst. Ich hatte immerhin einen Bajass, den mir meine Mutter nähte; da war ich sechs oder sieben Jahre alt. Mit dem bin ich vorne draus mit dem Narrensamen d'Stadt nab. Also, ich hab nicht im Kleidle genarrt, aber mit dem Bajass war ich dabei. Heute muss es immer ein Narrenkleid sein, das sehe ich bei meinen Enkeln. Ich hatte erst als Erwachsener eines, mit einer Ausnahme: Als ich sieben oder acht Jahre alt war, bekam ich für einen Tag ein Kindergschell! Ich hatte einem Klassenkameraden viel geholfen, der schulisch nicht so nachgekommen ist. Als Dank dafür hat mir die Familie deren Kleidle ausgeliehen. Da war ich stolz!

Hat die Fasnet auch in Ihrer Familie stattgefunden – an was erinnern Sie sich noch?
Meine Eltern waren relativ einfache Leute. Mein Vater arbeitete beim Stadtbauamt und meine Mutter war Hausfrau. Aber an der Fasnet haben sie meinen Bruder und mich in den „Engel“ (Anmerkung Autoren: heute Drogerie Müller am Friedrichsplatz) mitgenommen. Das war schon ein erstklassiges Bürgerlokal. Da gab es eine große Treppe, und oben Parkettboden – ich kann mich noch so gut

an das erste Mal erinnern. Meine Eltern sind sonst so gut wie nicht in ein Wirtshaus gegangen, das konnten wir uns nicht leisten. Selbst meine Kommunion wurde zu Hause gefeiert – nicht in einem Lokal. Aber an der Fasnet, da haben sie sich das gegönnt! Mein Bruder und ich durften eine Limonade trinken – „Schabeso" gab es für uns.

In die Fasnet ist man also reingewachsen, auch wenn die Eltern nicht genarrt haben?

Ja, jede Gass' in der Umgebung hat doch genarrt. Einmal an Dreikönig durfte ich zu Hezingers in der Hohlengrabengasse, als die Abstauber kamen – da durfte ich das das Kopfstück von einem großen Gschell aufsetzen. Das war die Erfüllung!

Und am Fasnetssonntag sind wir mit den Ausschellern von Haus zu Haus mitgegangen, das war wie eine Prozession!

Sind Sie dann allein d'Stadt nab? Das war doch ganz schön mutig, oder?

Ja, ich glaub schon, irgendwie allein. Aber als mutig hab ich das nicht empfunden, ich war ja damit aufgewachsen.

Und die anderen Buben? Das war doch sicher ein Privileg in dem Alter, ein Kleidle hatte nicht jedes?

Ha – ganz, ganz wenige! Unter meinen Freunden war keiner dabei. Das konnte sich damals doch niemand leisten; die Zeiten waren schlecht. Als ich jung war, gab es höchstens 100 oder 200 Narrenkleider überhaupt.

Durften Sie als Kind mit zum Aufsagen? Was war das für ein Gefühl in diesen Tagen?

Ich bin halt mitgelaufen mit dem Roman Hezinger. Aber wir Kinder, egal ob als Bajass oder nicht, sind den Narren nachgerannt und haben gesungen „Narro kugelrund" und die „Versle" halt wie heute – das war natürlich wichtig! Da hatte es ganze Trauben von Kindern gegeben hinter den Narren! Wer am flinksten war, der hat etwas von den Narren bekommen. Und ich war stolz – überhaupt schon, dass ich ein Kleidle hatte!

An der Fasnet eine Brezel – und au no vom a Schantle!

Schönes altes Fransenkleid aus dem Herrenkramerschen Fundus

Herr Roth, warum war das Singen der Narrenverse wichtig?

Die Kinder wurden von den Narren beschenkt. Man bekam von den Narren Sachen, die man sonst zu Hause nicht hatte und auch sonst nicht geschenkt bekommen hätte. Es gab keine Bonbons oder Schokolade, sondern Weckle, Brezeln oder Orangen. Das war wichtiger als Süßigkeiten. Die Krönung war, wenn man von einem Narren eine Wurst ergattern konnte!

Als der Krieg kam – hat man das als Jugendlicher verstanden, dass die Fasnet nicht mehr so wichtig war? Oder hofften Sie von Jahr zu Jahr, dass sie wieder kommt?

Wie soll ich es sagen ... Man hat sich halt unheimlich auf die Fasnet gefreut und die Tage in der Vorfasnetszeit gezählt. Aber die Leute wussten: Wenn Krieg ist, können wir nicht Fasnet feiern. Und es war ihnen auch nicht danach zumute. Viele aus den Familien waren an der Front und feiern war einfach nicht angemessen.

Wissen Sie, ob die Narrenzunft in der Kriegszeit an Fasnetsaktivitäten dachte?

Ich weiß nur, dass die Zunft in den Kriegsjahren an Weihnachten „Liebesgaben" an die Front geschickt hat. Ich meine Feldpostkarten und ein Springerle oder Gutsle mit einer Narrenfigur drauf.

Wann ging es dann nach dem Krieg weiter?

Ich glaube, das war 1946 oder 1947. Es gab einen Kinder-Umzug am Fasnetssontag mit 40 oder 50 Kindern und drei erwachsenen Bajassen, den hab ich mir angeschaut. Die Kinder kannten ja zu der Zeit gar keine Fasnet!

War das Gefühl für die Fasnet gleich wieder da?

Die Fasnet hat immer bitzlet, das war ein besonderes Gefühl. Aber so unbefangen wie später war es nicht. Ein Großteil der Bevölkerung sagte, solange noch so viele Gefangene und Vermisste noch nicht wieder zuhause sind, können wir schlecht Fasnet machen – auch wenn man es sich gewünscht hätte. Aber das Ausgelassene an der Fasnet passte einfach noch nicht. Es gab in diesen Jahren heftige Diskussionen, ob man Fasnet feiern soll oder nicht. Ich glaube, beide Seiten konnte man seinerzeit verstehen.

Und, Herr Roth – fühlt sich die Fasnet heute noch so an wie damals, als Sie jung waren?

Es gibt sie heute noch wie damals – die Freude darüber ist immer noch groß. Man kann vielleicht sagen, vieles wurde bewahrt, aber es hat auch vieles gelitten. Alles ist viel größer, länger ... Ein Narrensprung hat damals maximal eine Stunde gedauert, um 9 Uhr war alles rum. Dann sind die Narren zum Aufsagen gegangen und die Kinder mussten zum Teil wieder in die Schule! Auch wie sich die Narren heute benehmen, das gab es früher nicht. Ich ärgere mich immer, wenn ich heute Narren auf den Straßen und in Gasthäusern sehe, wie sie sich ohne Larve vor dem Gesicht zeigen – einfach unverständlich. Das hat sich damals keiner getraut. Und ich habe heute noch das Gefühl: Fasnet kann man nicht lernen.

LISA ROTH

Enkelin von Fede Roth,
geb. 1999 in Rottweil
10. Klasse am DHG in Rottweil

„Fasnet kann man nicht lernen"

Lisa, erinnerst Du Dich an Deine erste Fasnet? Wie war das in der Familie?

Ich kann mich erinnern, dass ich mit meinem Papa „d'Stadt nab" bin. Danach waren wir bei meiner Oma und meinem Opa zum Essen. Meine Oma hat immer super und viel gekocht – und war dann enttäuscht, dass wir nicht alles aufgegessen hatten. Mein Opa hat auch noch genarrt. Da war ich mit Opa und der ganzen Familie im „Lamm" und im „Bad Hotel". Also, ohne meine Familie gäbe es keine Fasnet für mich – es wäre langweilig alleine.

Hast Du ein eigenes Narrenkleid?

Nicht direkt. Die Narrenkleider sind im Familienbesitz. Von Oma habe ich natürlich immer ein Kleidle bekommen. Jetzt darf ich mit dem Kleidle narren, welches schon meine Mama, die Oma und meine Großtante anhatten.

Kannst Du sagen, was so ein Kleidle heute kostet?

Das ist unterschiedlich, ein Gschell oder Biss kostet so ca. 5.000 Euro, ein Fedrahannes oder Schantle sind günstiger.

Hast Du die Fasnet eigentlich „gelernt", zum Beispiel in der Schule?
Lernen? Das geht gar nicht! Fasnet kann man nicht lernen. Im Kindergarten und in der Grundschule haben wir etwas zur Fasnet gemacht. Aber manche Lehrer haben gar keine Ahnung von der Fasnet, weil sie nicht von hier kommen.

Was bedeutet es denn für Dich, zu „narren"?
Narren ist nicht der Narrensprung, sondern das Aufsagen nach dem Sprung. Es ist schade, dass viele Leute das nicht wissen. Ein Narrensprung, der so lange dauert wie heute, ist irgendwann langweilig. Wir gehen etwas essen und danach zum Aufsagen. Ich glaube, da ich bin hier eine von wenigen. Viele meiner Freundinnen und Bekannten haben Narrenkleider, aber sie gehen oft nur „d'Stadt nab" – schade! Aber ich habe auch Freundinnen, die in der in der Stadt- oder Jugendkapelle spielen.

Würdest Du auch „nur" mit einem Bajass an der Fasnet teilnehmen oder wäre das uninteressant?
Das kann ich mir gar nicht vorstellen. Aber wenn ich kein Narrenkleidle hätte und keines irgendwoher bekommen könnte, dann vielleicht doch Bajass – besser das als gar nichts!

Kannst Du Dir vorstellen, dass es Momente gibt, an dem eine Fasnet abgesagt wird, einfach nicht stattfindet?
Das gab es wohl während des Zweiten Weltkriegs. In der jetzigen Situation kann ich mir das nicht vorstellen. Wenn aber etwas Schlimmes passiert – Krieg oder so – dann schon.

Was glaubst Du – bist Du in 50 Jahren auch noch bei der Fasnet dabei?
Wenn ich nicht krank bin, dann ja.

Kannst Du das Gefühl „Fasnet in Rottweil" beschreiben?
S'isch halt Fasnet, Ausnahmezustand! Wenn jemand nicht aus Rottweil kommt, der hält uns sicher für verrückt, aber das ist mir egal. Für viele ist es einfach nur Party und das ist eigentlich falsch. Fasnet in Rottweil soll nicht nur dazu da sein, sich zu besaufen.

Mit was könntest Du das heute vergleichen, so etwas Besonderes, wie es für Deinen Opa war – gibt es das Gefühl so überhaupt noch? Heute ist doch alles verfügbar …
Das ist – wie wenn mich jemand beim Schwimmen entdecken und sagen würde: Du bist beim Deutschen Schwimm-Kader dabei!

Scham und Vermummung

Aber nicht nur die Bewahrung der Vätersitte, bei der es um aus der Historie übernommene Regeln sowie die Überlieferung und Aufrechterhaltung individueller Gefühle gegenüber dem Fastnachtsbrauchtum geht, stellt die für die Fastnacht Verantwortlichen vor immense Herausforderungen. Eine große Bedrohung ist die Abwehr von Entwicklungen in der Gesellschaft selbst, die die Weitergabe von Tradition behindern. Ein Hindernis bei der Überlieferung stellen auch sich verändernde soziale Emotionen dar.

Allen Gefühlen ist gemeinsam, dass Menschen die emotional erlebte Wirklichkeit mit einer bestimmten Bedeutung versehen. Wenn etwa die im Narrenmarsch besungene Lene eine Träne schluckt, weil sie in d'Fasnetszeit so ganz vernarret ist, so empfindet sie eine individuelle Freude, die sich möglicherweise beim Klang der Glocken einstellt.

Es gibt aber auch Gefühle, die entstehen aus dem Geflecht menschlicher Beziehungen heraus und der Anerkennung, die man durch andere Personen erfährt. Macht und Status sind zum Beispiel typische soziale Gefühle. Zwar denkt man bei diesen Begriffen zunächst an die Berufswelt, aber auch im fastnachtlichen Kontext entfalten sich diese zwei Emotionen. Der Rösslетreiber, der seine Peitsche am besten und am ausdauerndsten zu schwingen vermag, ist in der Rösslebesatzung meist der, der auch das Heft in der Hand hält. Er bestimmt oft, wann nach den Fasnetsumzügen ein Lokal zur „körperlichen Rekonvaleszenz" aufgesucht oder wieder verlassen wird.

Eine andere Emotion, die erst im Wirkverbund mit anderen Menschen entsteht, ist das Schamgefühl. Schämt sich ein Mensch, so hat diese Person gegen eine soziale Norm verstoßen oder sie meint, gegen eine soziale Regel verstoßen zu haben. Diese Scham belastet die Person und verunsichert sie. Diese Unsicherheit macht auf die Dauer einsam. Es ruiniert das Selbstbewusstsein, und andere können das sehen, wenn man vor Scham im Gesicht rot anläuft. Diese unangenehme Eigenschaft der Scham ist den modernen Formen des Zusammenlebens ein Dorn im Auge. Deshalb ändern diese Gesellschaften laufend das, was als „normal", was als „anstößig" gilt. Das Schamgefühl wird immer stärker verdrängt, weshalb wir gegenwärtig in einem Zeitalter der fröhlich praktizierten Schamlosigkeit leben. Das Feld der Zwänge und Peinlichkeitsrisiken hat sich ins vollkommen Unübersichtliche ausgedehnt.

So, im Äpfel bleib i jetz!

Wenn beispielsweise Rottweils Bürgersleute früher zu Reichstadtzeiten die zwölf Heiligen Nächte zwischen Weihnachten bis zum Dreikönigstag hinter sich gebracht hatten, durften die Frauen wieder Wäsche waschen und die Männer sich wieder die Haare schneiden lassen. Auch konnte jetzt endlich das alte Hemd gegen ein frisches getauscht werden. Das war damals normal. Musste ein Rottweiler früher zum frischen Hemd greifen, hat er sich geschämt und er war sich des Spotts seiner Mitbürger sicher. Er hätte gegen eine soziale Regel verstoßen. Heute würde dieser so Geschundene in der emotionalen Wärmestube Facebook seinen Seelenkummer der Welt verkünden, um dafür umgehend mit virtuellem Zuspruch versorgt zu werden.

Wenn Rottweils Bürgersleute früher empört oder auch nur verwundert waren über die Verrücktheiten, die das Leben hervorgebracht hatte, sagte einer zum anderen: Das ist doch nicht normal. Alle nickten sich dann zu und schwiegen. Das gehörte zum Ritual. Es war beruhigend, dass die Koalition der Normalen größer war als die Zahl derer, die man „die Verrückten" nannte. Die Rede ist hier also von jener Zeit, als man Menschen, denen man noch nie begegnet war, Fremde nannte, und nicht Friends oder Follower. Man traf sich im Café oder am Stammtisch und nicht bei Facebook – Facebook, das war nicht normal. Aber der Satz stimmt so nicht mehr. Mittlerweile sind Stammtische eine Seltenheit, und es ist normal, dass man sich in der virtuellen statt in der realen Welt trifft. Rottweils Bürgersleute haben sich verändert in diesen Jahren, Jahrzehnten, Jahrhunderten – nicht nur die anderen.

Was schließen wir daraus? Wir selbst sind Gegenstand einer Änderung, die auf geheimnisvolle Weise in uns wirkt. Die Verrücktheit der Außenwelt spiegelt sich in uns wider. Es gibt kein normales Leben in Zeiten sich auflösender Normalität. Alle Lebensbereiche sind vom Verschwinden der Selbstverständlichkeit erfasst, zunehmend auch das Privatleben. Die Beziehung zur Automarke ist mittlerweile stabiler als die zum Ehepartner. Eine Welt der ungezählten Wirklichkeiten haben wir erschaffen. Das einzig Zuverlässige dabei ist deren Unzuverlässigkeit.

Wenn sich heute bei einem jüngeren Mädchen die tief hängende Jeans beim Sitzen auf den Stufen vor dem Heilig-Kreuz-Münster zwecks Genuss eines Vanille-Eises noch weiter nach unten verschiebt und dadurch für Passanten der Blick auf das unter dem String-Tanga vorblitzende Tattoo in Form eines Geweihs frei wird, so hätte dies früher zumindest zu einem Hinweis durch einen vorbeischlendernden Müßiggänger geführt. Heute zuckt hingegen jeder dies beobachtende Flaneur nur die Schultern. Zwar herrscht eine weltweite Mitteilungsinkontinenz, aber keiner ist mehr bereit, den anderen auf ein Fehlverhalten hinzuweisen, weil keiner mehr zuverlässig weiß, ob es sich hier überhaupt um ein Fehlverhalten handelt. Wenn Politiker sogar im Bundestag mit Turnschuhen den Sitzungen folgen, ist der sichtbare Slip, der das tätowierte Geweih nicht mehr verdeckt, eventuell schon der neuste Modefimmel, der durch die Welt gejagt wird.
Gegen diesen Verlust des Schamgefühls müssen aber auch die Protagonisten des fastnachtlichen Brauchtums in Rottweil sich zu wehren versuchen. Sich zu zeigen, sich zu inszenieren, sich bar jedes Schamgefühls zu präsentieren, durchwirkt die Rottweiler Fastnacht immer stärker. War es früher ein ungeschriebenes Gesetz, dass der Narr unerkannt bleibt, führt das Absenken des Schamgefühls heute zu ganz anderen Verhaltensweisen.

Vielfach ist heute zu sehen, dass direkt nach dem Narrensprung auf dem Friedrichsplatz bereits die ersten Narrengruppen stehen und sich auswärtigen Fotografen, die gerne ein Foto von der echten Person im Kleidle hätten, dann halt ohne Larve präsentieren. Früher wäre zudem kaum ein Narr auf die Idee gekommen, mit den Werktagsschuhen zum Narren zu gehen oder beim Narren gar die eigene Uhr am Handgelenk zu lassen. Beides sind nun mal individuelle Kennzeichen eines Menschen, die anderen Personen eine Identifikation ermöglichen. Man darf sich ferner fragen, ob vor einigen Jahren ein Narr rauchend an einem Würstchenstand bei der unteren Apotheke sein Mittagsmahl eingenommen hätte. Und auch von händchenhaltenden Narren während und nach dem Narrensprung berichtet die über sechshundertjährige Chronik der Rottweiler Fasnet nichts.

Zu einer Zeit, als der Narrensprung noch 700 Narren hatte, wäre ferner ein Narr, der in einem voll besetzen Lokal seine Larve lüftet, von den Gästen mit Spott überzogen worden. Heute stört sich meist niemand mehr daran. Allenfalls hört man unter den älteren Anwesenden ein leises Grummeln, ja teilweise „fremdschämen" sie sich sogar für eine solche Verhaltensweise. Dass ein Narr nach dem Narrensprung die gleichen Verhaltensweisen wie der Zuschauer zeigt, sich in einem Lokal seinen Platz sucht und aus purer Bequemlichkeit seine Glocken ab-

So gern sich die zwoa au hend – Händle g'halta goht gar it beim Narrasprung.

nimmt, hätte noch vor einigen Jahrzehnten wahrscheinlich eher zu Handgreiflichkeiten gegenüber diesem Narren geführt. Der Narr hätte in diesen Fällen eine soziale Norm verletzt und wäre darüber mit handfesten Argumenten in Kenntnis gesetzt worden.

Heute aber weist das Handbuch des Benehmens an der Fasnet leider Lücken auf und die Scham hat an Regulierungsvermögen eingebüßt. Brauchtumsfreunde erklären dies damit, dass die gegenwärtige Epoche eine generelle Verwahrlosung zeigt. Und diese Enthemmung, so ihre Meinung, wird offensichtlich in jeder Generation schlimmer. Träfe dies wirklich zu, so wäre die Menschheitsgeschichte von fortwährender Enthemmung gekennzeichnet. Das stimmt so allerdings nicht, denn komischerweise tauchen heute viele längst abgeschaffte Rituale wie die Abiturientenfeier, Tanzschulball oder Brauchtumstänze wieder auf. Wahrscheinlicher ist, dass eine neue Generation Übertretungen des fastnachtlichen Regelsystems gar nicht bemerkt, weil es ihr längst nicht mehr geläufig ist. Um das Phänomen der Scham oder der Peinlichkeit zu verstehen, spielt also das Wissen sowie die Fähigkeit, sich selbst als „sozial richtig" handelndes Wesen wahrzunehmen, eine Rolle.

Älles, wa reacht isch, Gschell: ufsage vor de Achte morgens – etz verhebed's halt!

CHRISTOPH BECHTOLD *1. Narrenmeister*

GEORG „SCHORSCH" HAUSER
2. Narrenmeister

FRANK HUBER *Zunftschreiber*

STEFAN ROTH *Zunftsäckelmeister*

Der Club of Rome hat Anfang der siebziger Jahre in „Grenzen des Wachstums" schon davor gewarnt, dass ab einem bestimmten Punkt Quantität zu einem Problem für die Qualität würde ... Wie schafft man es, dass die Fasnet Gesicht, Hirn und Herz behält?
CB: *Im Grunde beherzigt die Narrenzunft Rottweil den Gedanken des Club of Rome. Auch die Narrenzunft weiß, dass ein Zuviel an Narren dem ganzen Brauchtum nicht unbedingt förderlich sein muss. Zunächst aber gilt es hervorzuheben, dass man sich über den Zuspruch, den die Rottweiler Fastnacht in der Bevölkerung findet, eigentlich freuen kann. Immerhin kämpfte das Brauchtum vor 110 Jahren noch um den Fortbestand. Während andere Narrenzünfte, vor allem neu gegründete, mit negativen Teilnehmerrekorden zu kämpfen haben, erfreut sich Rottweil eines ungebrochenen Zulaufs. Das beweist, dass Bräuche sich nicht beliebig erfinden lassen.*

GH: *In Rottweil besteht die Herausforderung jetzt darin, das Fasnetsbrauchtum tradiert weiterzugeben. Uns muss der Spagat zwischen Tradition und Moderne gelingen. Das konservierende Prinzip gehört dabei zwar zum inneren Wesen der Fastnacht, allerdings gehört auch dazu, dass die Konservierung quasi unbewusst erfolgt. Die Narrenzunft sieht sich deshalb hier nicht in der Pflicht, als Oberlehrer mit erhobenem Zeigefinger durch die Stadt zu rennen und zu sagen: „Schaut her, so geht Fasnet!" Auch ist die Fasnet nicht gerettet, wenn wir die Jugend in alte Narrenkleidle oder die Jugendkapelle stecken. Fastnacht muss sich bei jedem Einzelnen von innen heraus entwickeln. Von außen die „richtige" Fastnacht aufzudrücken, führt eher zu Gegenkulturen, die wir nicht wollen. Mit der Narrenzunft versuchen wir Plattformen zu schaffen, die dazu dienen, bestimmte Werte und Rituale zu entdecken und dann zu verinnerlichen. Eine Plattform ist zum Beispiel die Aufsage-AG.*

Wie würden Sie Ihren Auftrag interpretieren, den die Narrenzunft im Sinne der Mitglieder erfüllen muss?
CB: *Unseren Auftrag sehen wir eher darin, den Menschen ein Werte- und Ritualsystem zu präsentieren, das jeder dann für sich an der Fastnacht leben kann. Werte und Rituale müssen dabei an die modernen Gesellschaftsstrukturen angepasst sein. Werte und Rituale sollen also nicht ein Jahr wie in einer Tiefkühltruhe aufbewahrt werden. Die Stärke der Rottweiler Fasnet besteht unter anderem darin, dass sie sich auch immer wieder in Teilbereichen neu zu erfinden versteht. Wir messen deshalb die Bedeutung der Fastnacht für Rottweil nicht nach der Quantität: so viel Kleidlesträger, so viel Publikum. Für uns ist eher entscheidend, ob die Teilnehmer verstehen, dass trotz allem Spaß und trotz aller Emotionen auch qualitative Elemente wie Ordnung, Sauberkeit, Selbstkontrolle, Mutterwitz und Mut für die Fasnet wichtig sind – und sogar wichtiger sind als die Zahl der Narren.*

GH: *Wir als Narrenzunft legen den Fokus ganz klar auf die Vermittlung der Brauchtumsqualität. Die Fasnet wurde oft über Jahre, Jahrzehnte, ja Jahrhunderte hinweg weitgehend unverändert überliefert, weil sich auch die soziale Struktur in der Stadt kaum veränderte. Die Stadt war zwar kein spannungsloser, harmonischer Organismus; aber es waren integrierte Sozialgebilde, in denen es klar zugeschriebene Positionen gab. Die Fasnet, aber auch andere Bräuche, waren ein Ausdruck dieser Integration. Heute haben wir eher mit der Desintegration zu*

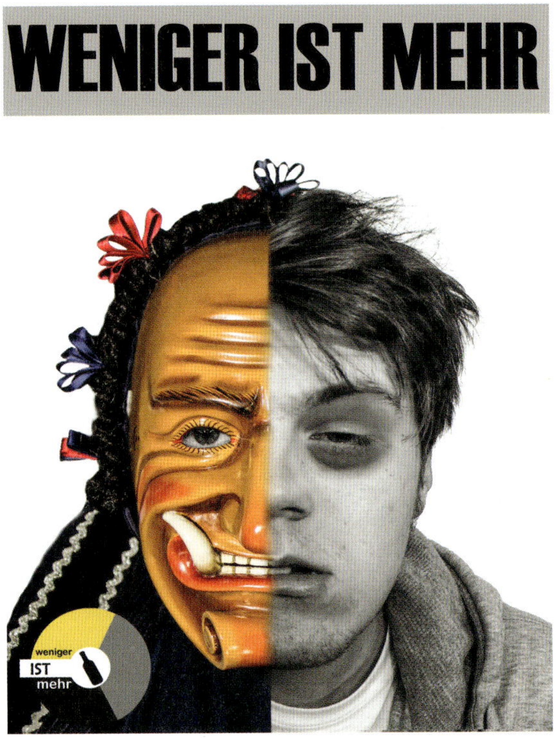

Das prägnante Gemeinschaftswerk von Kevin Kummer, Pascal Wochner und Dominik Baumann gewann den Goldenen Guller 2013/14.

kämpfen. Und diese macht es schwer, die überlieferten Regeln in ihrer Gänze zu übermitteln. Deshalb versuchen wir als Narrenzunft, jedem Narren zumindest ein Minimum an Werten und Ritualen mit auf den Weg zu geben.

Die Narrenzunft als Wertevermittler, wie muss man das verstehen?

FH: Nehmen wir das Thema Alkohol und Fastnacht. Hier ging es uns darum, insbesondere Jugendlichen zu kommunizieren, dass Alkohol zwar zur Fastnacht gehört, aber die Fastnacht nicht als Plattform für die Saufkultur steht. Ganz konkret hat die Narrenzunft deshalb seit 2011 mit der Polizei, der Stadt Rottweil, der Suchtberatung und den weiterführenden Schulen ein Aktionsbündnis zum Thema Alkoholprävention bei Jugendlichen gegründet. Ziel ist es, bei größeren städtischen Veranstaltungen, also auch an der Fasnet, eine Eindämmung möglicher Exzesse und der damit verbundenen Probleme zu erwirken. Dies soll aber nicht durch ein striktes Verbot, sondern durch die Sensibilisierung der Jugendlichen für das Thema Alkohol gelingen. Das Aktionsbündnis setzte daher vor 2 Jahren einen ersten Akzent, als alle Einzelhändler in Rottweil um Mithilfe beim nur eingeschränkten Verkauf von Alkoholika am Schmotzigen gebeten wurden.

2013 lobte die Sinngemeinschaft den Kommunikations- und Medienpreis „Der Goldene Guller" aus. Der Goldene Guller 2013 würdigte Plakate, die den sorgsamen oder achtlosen Umgang mit Alkohol thematisieren. Zu der Teilnahme aufgerufen waren sowohl Jugendliche als auch Klassengemeinschaften. Mit insgesamt 78 abgegebenen Arbeiten wurden selbst die kühnsten Erwartungen der Mitglieder des Aktionsbündnisses übertroffen. Insgesamt haben 138 Jugendliche im Alter zwischen 14 und 18 teilgenommen. Die öffentliche Preisverleihung, immerhin Preisgelder im Werte von 1.500 Euro, nahm Oberbürgermeister Ralf Bross vor. Die prämierten Plakate und viele weitere Werke waren im Zunfthaus der Narrenzunft in der Hauptstraße 1 zu sehen. Im Anschluss bestand die Möglichkeit, die Ausstellung auch in den Rottweiler Schulen und weiteren öffentlichen Gebäuden in Augenschein zu nehmen.

Oder auch mit Aktionen wie „Keine Flasche durchs Schwarze Tor" versuchen wir auf humorvolle Art unseren Narren verständlich zu machen, dass Alkohol als Gabe nach dem Aufsagen oder als Auswurfmaterial beim Kinderumzug nicht angebracht ist.

CB: Noch mal zu der Desintegration: wechselnde Arbeitsstätten, wechselnde Wohnsitze, höheres Freizeitstreben *bringen Abwanderung und Zuwanderung — beides in einem Ausmaß, das mit den einstigen gelegentlichen Ortsveränderungen nichts mehr gemeinsam hat. Dadurch driftet die Einwohnerschaft in Teilen auseinander. Funktionieren können unsere Konservierungsmaßnahmen freilich nur, wenn möglichst viele Teile der Bevölkerung einbezogen werden — Kinder, Jugendliche, Alte, aber auch beispielsweise (soweit Bereitschaft dazu vorhanden ist) ausländische Einwohner verschiedener Nationalität. Die Fasnet ist ein empfindliches Gebilde. Wir versuchen zu gestalten, aber unsere Maßnahmen sind nur dann Erfolg versprechend, wenn alle mitmachen. Es geht uns daher eher um MITGESTALTUNG.*

Mitgestaltung hört sich gut an, bezieht sich das aber nicht nur auf einen inneren Kreis von eingefleischten Fans?

SR: *Nein, wir stellen uns auch immer wieder Fragen wie: Wie ist die Sicht von außen auf die Fasnet, was macht „der Fremde", wie ist dessen Gefühl? Darf ein Fremder teilhaben und wie darf er das? Wie viel Außeneinfluss verträgt die Rottweiler Fasnet? Droht eine Überfremdung? Verliert die Fasnet dadurch ihre Identität, wenn zu viele Fremde von außen daran teilnehmen? Globalisierung im 21. Jahrhundert und Brauchtum, wie passt das zusammen? Dieser Fragenkatalog lässt sich beliebig fortsetzen.*

Schon bei jeder einzelnen der o.g. Fragen meint man, es zeichnen sich beim Freund der Rottweiler Fasnet, also beim „Insider", die Sorgenfalten auf der Stirn ab. Der „gestandene Insider" will seine Fasnet scheinbar so haben, wie sie vor 30, 50, 100 oder 200 Jahren war. Auf den ersten Blick mag das so sein. Jedoch wenn Außen- und Fremdeinflüsse keine Rolle mehr spielen oder gespielt hätten, wenn man über das Kulturgut eine Käseglocke stülpt oder in der Vergangenheit gestülpt hätte, dann wird es innerhalb dieser Glocke luftleer und muffig. Oder es wäre bereits längst stickig und monoton geworden.

Die Fasnet in Rottweil braucht beides, das „Innen und den Freund". Sie muss die Frage beantworten: Was sind die Wurzeln und was ist die individuelle Bedeutung? Je nach eigenem Verständnis ist es Heimat, Geborgenheit, Kindheitserinnerung, Gedenken an die Vorfahren, welche den Protagonisten der Gegenwart dieses Kulturgut in die Hände gelegt haben. Der Rottweiler braucht auch Freunde, denn mit denen „lebt" er die Fasnet, sie sind für ihn hier unverzichtbar.

Aber auch die andere Seite wird von der Rottweiler Fasnet und deren Akteuren benötigt. Das Kulturgut braucht das „Außen" und dessen Einflüsse. Sie hat eine eigene Außenwirkung. Auch die Fremden bekommen ihren Platz in der Rottweiler Fasnet. Das Außen und der Fremde müssen der Rottweiler Fasnet ihre Identität lassen. Das Innere und der Freund dagegen müssen die externen Einflüsse und den Fremden annehmen und zulassen. So wird aus „Außen" vielleicht „Innen". Aus dem Fremden wird ein Freund. Das Kulturgut Rottweiler Fasnet kann sich entwickeln und bleibt nicht unter der oben genannten Käseglocke isoliert.

Wie viel von beiden Seiten? Das ist die Gratwanderung, die unser Brauchtum gehen muss, um sich auch in der Zukunft zu behaupten. Die Mischung macht es aus, sie bildet das Spannungsfeld. Nimmt ein Element überhand, dann droht ein Abrutschen vom Grat. Entweder kann es in Richtung Isolation und Stillstand kippen oder es kann sich der Verlust der Identität, die Entwurzelung und die Austauschbarkeit einstellen. Beides ist nicht wünschenswert – die Gratwanderung macht das Thema Rottweiler Fasnet spannend und interessant.

Sich den Besuchern und Zuschauern der Rottweiler Fastnacht vermummt zu zeigen, verlangt demnach gewisse Kenntnisse über das Fasnetsbrauchtum, die anscheinend im Laufe der Jahre bei vielen Narren verloren gegangen sind. So wusste der reichsstädtische Narr in Rottweil noch von der unverfälschten Geselligkeit, die das Tragen einer Larve ermöglicht. Während im Alltag ungleiche Lebensbedingungen und Gefühlslagen oft die zwischenmenschliche Kommunikation einschränken, kann der vermummte Narr diese Grenzen hinter sich lassen und dadurch unverfälschte Geselligkeit genießen. Unerkannt kann er, niemand zum Leid und jedem zur Freud, Geselligkeit erfahren. Zudem wussten die Narren von früher noch von dem Glücksgefühl des Spiels mit der Larve. Wenn der Narr seine eigene Person zugunsten seines Schantles oder seines Federahannes aufgibt, löst er sich bis zu einem gewissen Ausmaß auch von seinem individuellen „Ich". Nicht mehr das individuelle „Ich", sondern das öffentliche „Ich" steht nun stärker im Mittelpunkt. Daher konfrontiert der vermummte Narr den Nächsten auch nicht mit seinen eigenen Gefühlen oder seiner Identität, sondern denkt sich in die Welt des Gegenübers hinein. Kein vermummter Narr würde daher beim Aufsagen im Lokal von seinen Eheproblemen oder interfamiliären

Über das öffentliche Ich ist gut lachen.

Verstimmungen erzählen. Durch die uns vertraute Auflösung der Unterscheidung von „öffentlich" und „privat" wird jedoch das sozial richtige Handeln auch für den einzelnen Narren immer schwieriger. Wenn im Alltag via Facebook und anderen sozialen Netzwerken mittlerweile eine neue Form der Öffentlichkeit entstanden ist, die fast schon zu einer Tyrannei des Privaten führt, wie soll der Narr dann an Fasnet plötzlich den Hebel vom Ich zum Du umlegen können?

Immer mehr und immer häufiger muss man sich also fragen, was von altem fastnächtlichen Brauch und alter fastnächtlicher Sitte heute noch geeignet ist, gelebt zu werden und wie die alte Sitte denn heute vermittelt werden kann. Die über 4.000 aktiven Narren selbst beschäftigen sich nur noch selten mit diesen Überlegungen zur Fastnacht. Immer weniger denken an alte Traditionen, wenn sie sich im bunt bemalten Narrenkleid ins Getümmel stürzen: Sie wollen ihr eigenes Brauchtum in vollen Zügen ausleben. Das Altüberlieferte spielt keine große Rolle mehr. Damit es trotz immer neuer Teilnahmerekorde an den Narrensprüngen nicht zu einem schleichenden Akt der Aushöhlung eines jahrhundertealten Fastnachtsverständnisses kommt, sei an die von Winfried Hecht im Vorwort erwähnte „freundliche Stille" der Rottweiler Fasnet appelliert. Aus ihr und nicht aus der Selbstinszenierung eines jeden Narren lebt dieses Brauchtum, das wie kein anderes Fest verblichene Reichsstadtzeit und freudige Jetztzeit zu vereinen versteht. Ein Fastnachtsfest, bei dem immer ein Geheimnis bleiben wird, was genau in diesen zwei vorbestimmten Tagen eine ganze Stadt und alle ihre Besucher in den Bann schlägt.

Nie erlebt Rottweil mehr Getümmel als an der Fasnet.